संस्कृति से निकलती राहें

संस्कृति से निकलती राहें

पं. रामनरेश कुशवाहा

ज्ञान गंगा, दिल्ली

प्रकाशक : ज्ञान गंगा, 205-सी चावड़ी बाजार, दिल्ली-110006
 / संस्करण : 2017 / मूल्य : तीन सौ रुपए
मुद्रक : नरुला प्रिंटर्स, दिल्ली ISBN 978-93-80183-22-0

SANSKRITI SE NIKALATI RAHEN

by Ramnaresh Kushwaha ₹ 300.00
Published by Gyan Ganga, 205-C Chawri Bazar, Delhi-110006

पारसमणि-स्वरूप
श्री सतीश कुमार सुशीलजी
को सादर,
जिनके सान्निध्य-स्पर्श से
अनेक जन कुधातु से कंचन बन गए।

लेखकीय

हमारा देश अनेक धर्मों एवं जातियों में विभक्त है और सैकड़ों पंथ अपने-अपने दृष्टिकोण से समाज को सुदृढ़ बनाने में प्रयासरत हैं; फिर भी हमारा समाज आज अनेक कुरीतियों से ग्रस्त है औरं आए दिन मनुष्य लालचवश तंत्र-मंत्र एवं तांत्रिकों के चक्कर में फँसकर धनहानि ही क्या जीव-हानि तक कर डालते हैं। बाह्य सुख-सुविधाएँ अधिक-से-अधिक उपलब्ध करने की जैसे होड़ लगी हुई है, किंतु इन सबके बीच व्यक्ति अपने आपको, अपनी अंतश्चेतना को बिलकुल भुला बैठा है। उसका व्यक्तित्व एक चैतन्य पुरुष का न रहकर एक यांत्रिक खिलौने से अधिक नहीं रह गया है। वह अपनी शक्तियों को भूल गया है, जिससे कुछ पथभ्रष्टक अपनी-अपनी झोलियाँ भरते रहते हैं। यदि मानव आत्मिक विकास की ओर ध्यान देना शुरू करे तो वह अंततः परम सुख को प्राप्त कर सकता है। अध्यात्म को पढ़ने की रुचि और जानने की रुचि जो लोग रखते हैं और जो साधक साधना में रत हैं, वे सभी पूजनीय हैं। क्योंकि अध्यात्म को जानना सर्वशक्तिमान परमात्मा की अनुभूति की ओर बढ़ना है। अध्यात्म के बारे में लिखना कठिन कार्य है, परंतु आदि व वर्तमान के संत-महात्मा और महापुरुषों के लेखों के अध्ययन एवं क्रिया-भक्ति की पद्धति से मैं लिख रहा हूँ। उसके ज्ञान, विज्ञान, प्रकृति एवं प्रयोगात्मक अनुभूति का अनुभव शब्दों में ढालने का प्रयास किया है। मेरे शब्द ईंट के बिखरे हुए टुकड़ों की भाँति हैं, जिन्हें सहेजकर पढ़ना आपकी दयालुता होगी और मेरे लिए प्रसन्नता।

—रामनरेश कुशवाहा

ए-2/97, शक्ति गार्डन,
मीत नगर, दिल्ली-110094

पिंड से अनंत तक

स्वयं से अनंत को प्राप्त होने के लिए ज्ञानियों ने कहा है—'जोइ ब्रह्मांडे सोइ पिंडे' यानी जो ब्रह्मांड में है, वही सारा मानव पिंड में घट रहा है। जो मानव उस ज्ञान-विज्ञान को महापुरुषों द्वारा समझ लेता है, जान लेता है, उसे और शेष कुछ जानने की आवश्यकता नहीं रहती है। उसमें कोटि-कोटि ब्रह्मांडों में अनंत परिवर्तन करने की समान शक्ति व्याप्त है। अध्यात्म यानी आत्मा का अध्ययन। मानव का चंचल मन कभी नहीं ठहरता, क्षण-प्रतिक्षण कुछ-न-कुछ सोचता ही रहता है। मन को रोकने के लिए हमें कुछ उपाय करने होते हैं, जिस प्रकार नदियों के जल को रोककर उसके तीव्र प्रवाह से विद्युत् (ऊर्जा) पैदा की जाती है। नदी के प्रवाह को रोकने के लिए जल-प्रवाह से अधिक मजबूत बाँध बनाया जाता है, जिससे नदी का जल रुक जाता है। मानव का मन नदी से भी तीव्र गति से चलता है। उसको रोकने के लिए मन से भी तीव्र गति चाहिए और वह है आत्मा का साधन, जिस साधन से आगे बढ़कर मन की गति को रोका जा सके। उसके लिए हमें आत्मा का अध्ययन करना होगा।

जब मन आत्मचेतन से जुड़ (योग) जाता है तो मन की गति उसी प्रकार रुक जाती है, जिस प्रकार नदी सागर से मिलकर अपना अस्तित्व ही खो देती है। इसी प्रकार मन भी आत्मा से मिलकर आत्ममय हो जाता है। आत्ममय होने के कारण मन वापस इंद्रियों के वश में होकर काम करता था, उसके आत्ममय होने के कारण इंद्रियाँ मन के वश में होकर कार्य करने लगती हैं। आत्मा बुद्धि को, बुद्धि मन को, मन इंद्रियों को अपने अनुसार चलाने लगता है। फिर उन्हें ये काम, क्रोध, मद, लोभ, मोह कभी नहीं सताते।

मन का आत्मा से योग करते-करते एक नई शक्ति का संचार होने

लगता है। मन रूपी नदी में आत्मप्रकाश की किरणें पड़ते-पड़ते मन वाष्प बनकर, बादल की भाँति ऊपर उठकर अनंत की ओर बढ़ने लगता है। मन आत्मा में समाहित होकर ब्रह्म (आत्मा) को पार करके परमेश्वर को प्राप्त होता है तो उसे फिर कुछ पाने की इच्छा नहीं सताती। **ब्रह्म की प्राप्ति, भ्रम की समाप्ति** के बाद उसके सारे भ्रम समाप्त हो जाते हैं।

परमेश्वर उस जीव की सारी इच्छाएँ स्वयं पूर्ण कर देता है। ये सब ज्ञान-विज्ञान के द्वारा जीव समझ पाता है। इसे भगवान् श्रीकृष्ण ने 'गीता' के माध्यम से अर्जुन रूपी संसार को समझाया और ज्ञान-विज्ञान के कारण विज्ञानदाता कहलाए।

उस पूर्ण परमात्मा का स्पंदन कोटि-कोटि ब्रह्मांडों में व्याप्त है। जिस तरह दूरदर्शन का स्पंदन पूरे देश में व्याप्त है। उसके कार्यक्रम सुनने और देखने के लिए हमें उसके उपकरण (टेलीविजन) की जरूरत होती है। हम जब उस उपकरण को चालू करते हैं तब उसमें विद्यमान पॉजिटिव + निगेटिव पावर संचालित होती है। इससे ध्वनि और प्रकाश चित्र को स्पष्ट करता हुआ प्रकट होता है। जैसे दूरदर्शन कार्यक्रम पूरे देश के वातावरण में अदृश्य व्याप्त होता है, जिसे दृश्यमान करता है टेलीविजन, इसी तरह उस पूर्ण परमात्मा का महास्पंदन कोटि-कोटि ब्रह्मांडों में समान व्याप्त है। कहते हैं

"हरि व्यापक सर्वत्र समाना।
प्रेम ते प्रकट होत मैं जाना॥"

उसे प्रकट करने के लिए, दृश्यमान करने के लिए उस परम शक्ति ने हमें मानव शरीर दिया है, जो चलती-फिरती प्रयोगशाला है। इस शरीर रूपी प्रयोगशाला में दो नेत्र हैं, जिसमें दायाँ सूर्यनेत्र और बायाँ चंद्रनेत्र हैं, जिन्हें सात आकाश भी कहते हैं। कुछ देर योग स्थिति में ठहरने के पश्चात सातों प्रकाश एक-दूसरे में व्याप्त होकर आत्मप्रकाश का पुंज प्रकट होता है, यानी ब्रह्मप्रकाश मानव मन को संयत रखते हुए स्वयं को स्वयं में अनुभव करता हुआ स्वयं को परम शांति की ओर अग्रसर पाता है।

जैसे आकाश में ऊपर की ओर उड़नेवाला पक्षी कितनी भी तीव्र गति से और कितनी भी देर तक उड़े, किंतु ऊपर उसे विश्राम का स्थान नहीं मिल सकता। विश्राम पाने के लिए उसे नीचे पृथ्वी की ओर मुड़ना ही पड़ेगा; वैसे ही शांति की इच्छा रखनेवाला मनुष्य कितनी ही तीव्र गति

से, .चाहे जब तक विषयाकाश में भ्रमण करे, उसे शांति पद की प्राप्ति नहीं होगी। शांति की अनुभूति के लिए तो चित्त रूपी पक्षी को विषयाकाश की ओर अंदर की ओर मोड़ना ही पड़ेगा। जिस भूमि या वृक्ष से पक्षी विश्राम की इच्छा से उड़ा था, यानी आत्मप्रकाश से ही मानव परमप्रकाश (परमात्मा) को प्राप्त होता है।

इसी तरह मानव शरीर में कान हैं, जो बाहर के शब्दों को सुनकर मन व मस्तिष्क को रिले करते हैं और शरीर कार्यान्वित होता है। ये सारे कार्य बाहरी मन से कार्यान्वित होते हैं, जो अल्प समय तक ही मन मस्तिष्क पर छाए रहते हैं। बाहरी शब्द, बाहरी मन बाएँ कान के अधिभूत होते हैं। ज्ञानी पुरुषों द्वारा बाएँ कान के स्वर को काल और दाहिने कान के स्वर को दयाल कहा जाता है। काल का अर्थ यहाँ पर अंत को बताया गया है और दयाल को अनंत की उपाधि दी गई है। ध्यान योग में बैठा मानव जब काल + दयाल के अंतर शब्दों पर ध्यान देता है तो वहाँ पर सात शब्द प्रकट होते हैं, यानी अनहद नाद। जब सात शब्द क्रमानुसार झींगुरों की झनकार, मेघ की मल्हार, शंख, नगाड़े, डमरू, बाँसुरी, सातवाँ ब्रह्म (सोऽहम्) का शब्द है। ये सारे शब्द अंतर्ध्यान में एकाकार होते हैं। तब वहाँ पर महाशब्द स्पंदित होते हैं। बेशक पृथ्वी, सूर्य, चंद्रमा, मंगल, बुध, गुरु, शुक्र, शनि का अन्य ग्रहों पर अलग-अलग गुरुत्वाकर्षण है, किंतु वे सब ग्रह और उनके जड़-चेतन इसी महास्पंदन से चलायमान हैं।

मानव की नासिका में दो छिद्र होते हैं। जो बायाँ चंद्र स्वर और दाहिना सूर्य स्वर कहलाता है। ये शरीर को स्वच्छ ऊर्जा पहुँचाने में मदद करते हैं। ये स्वर अलग-अलग चलते हैं। जब मन अशांत भाव में होता है तो चंद्र स्वर अधिक चलता है जब मन मध्य भाव में होता है तो सूर्य स्वर अधिक चलता है। जब योग के द्वारा श्वासों को नियंत्रित करके यानी चंद्र स्वर और सूर्य स्वर समान चलते हैं तो व्यक्ति श्वासों पर नियंत्रित होता है। हमारे ऋषि बड़े वैज्ञानिक थे। उन्होंने बताया कि मानव दिन-रात में 21,600 प्राणायाम की क्रिया करता है और बारह घंटे के अंदर 10,800 श्वासों की क्रिया करता है।

इन संख्याओं के दो शून्यों को निकाल दें तो मूल संख्या 108 बचती है, इसीलिए 108 की संख्या बड़ी पवित्र मानी जाती है। बाहर की माला में भी 108 मनके होते हैं। यही संख्या हमारे प्राणों के संचार की

ओर संकेत करती है। जब हम अपने श्वासों पर नियंत्रित होकर चंद्र स्वर और सूर्य स्वर का एकाकार करते हैं तो 'ई' का स्वर (सोऽहम्) शब्द यानी आत्म स्वर (ईश्वर प्रकट होता है) और जय ब्रह्मप्रकाश + शब्दब्रह्म + आत्मस्वर अपनी प्रयोगशाला में एकाकार होते हैं, तभी मन जड़मति होता है। उस परम + ई + स्वर (महास्पंदन) को प्राप्त करके ही हम कोटि-कोटि ब्रह्मांडों के दर्शन कर सकते हैं, जिसे ऋषियों ने कई युगों पूर्व ही अपने पिंड से अनंत तक को जान लिया था। एक ईश्वर (शब्द और प्रकाश) ही ऐसा साधन (साधना) है जिसे मानव शरीर में ही जाना जा सकता है। एक वह ही ऐसा स्पंदन (Vibration) है God is Omni Present. समान रूप से चराचर जगत् में व्यापक सत्ता है। कहते हैं – "अखण्डमण्डलाकारं व्याप्तयेन चराचरं।" वह अखंड है, आकार मंडल है। हम साक्षात्कार करके उस परमप्रकाश को प्राप्त कर सकते हैं, यानी शांति की प्राप्ति होती है।

जीवन में यदि शांति नहीं है तो जीवन किस काम का? जीवन तो उसी का उत्तम माना जाता है, जो हर मूल्य पर शांति ले रहा है। सर्वस्व न्योछावर करके भी यदि मन की शांति मिलती है तो भी ठीक है। धन, मन, तन के समर्पण से यदि शांति तत्त्व मिलता हो तो अपने पुण्य कर्म ही मानें। धनवान् यदि अशांत है और निर्धन शांत है तो किसे अच्छा मानेंगे? मन की स्वतंत्रता चाहनेवाला यदि अशांत है और मन को मारकर जीनेवाला शांत है तो कौन लाभान्वित हो रहा है? कोई भूख-प्यास को सहन करके भी शांत है तो कोई भोगों में आठोंयाम लिप्त रहकर भी अशांत है, तो आदर्श जीवन किसका हुआ? शांति का संबंध किसी तत्त्व के साथ नहीं है। शरीर, इंद्रियों, मन, चित्त, कर्म तथा हृदय की शांति का नाम ही पूर्ण शांति है। अन्यथा किसी एक तत्त्व के अशांत होने पर परम शांति नहीं मिल सकती। अधिकारी और कर्मचारी में बड़ा अंतर माना गया है। अधिकारी अपना अधिकार मानकर चलता है और कर्मचारी अपने कर्तव्य कर्म की धारणा लेकर चलता है। नौकर बनकर काम करनेवाला आसक्ति के पंजे में नहीं आता तथा मालिक बनकर फँसनेवाला अशांत ही रहता है। अधिकार-उत्तराधिकार का भाव त्यागकर चलनेवाला जीव शांत ही रहता है।

प्रवृत्ति ही अशांति का कारण बनती है। जबकि निवृत्ति को धारण

करनेवाला ज्ञानी परम शांति का अधिकारी बन जाता है। सरलता में शांति है अथवा कुटिलता में कौन नहीं जानता? शम-दम आदि तत्त्व जीवन में शांति देनेवाले बन सकते हैं, यदि इनका पालन किया जाए। जाग्रत, स्वप्न, सुषुप्ति तीनों अवस्थाओं को त्यागकर तुरीयावस्था की शांति ही परम शांति है। राज्य को त्यागकर वैराग्य में शांति है। विश्राम में शांति है तो श्रम में भी शांति है। श्रम के लिए विश्राम लो, विश्राम के लिए भी श्रम की आवश्यकता है। जीने में शांति है और मरने में भी शांति है। संतुलित जीवन में शांति की तलाश नहीं करनी पड़ेगी अपितु शांति स्वयं निमंत्रण देती है। व्यक्ति को आडंबर में नहीं पड़ना चाहिए, तंत्र-मंत्र में नहीं फँसना चाहिए। तंत्र-मंत्र, टोने-टोटके सब व्यर्थ हैं। संसार में केवल एक मंत्र है, बाकी सभी श्लोक हैं। जो मंत्र मन को नियंत्रित करता है, वह 'गायत्री मंत्र' है।

गायत्री मंत्र, जो मन को नियंत्रित करता है, इसलिए सिर्फ वही मंत्र कहलाता है। "ॐ भूः भुवः स्वः तत्सवितुर्वरेण्यं भर्गो देवस्य धीमहि धियो यो नः प्रचोदयात्।" – सिर्फ रटने से नहीं और न ही अच्छे स्वर में गायन से। अगर हम गायत्री मंत्र को अन्य श्लोकों जैसा गाते, सुनते हैं, सुनाते हैं तो उसका परिणाम भी अन्य श्लोकों जैसा ही होगा। गायत्री मंत्र विधि (प्रयोग) है। गायत्री मंत्र एक साधन है, मंजिल नहीं। गायत्री मंत्र के अर्थ को अनेक विद्वानों और मनीषियों ने अपने-अपने मतानुसार व्यक्त किए हैं, परंतु जो व्यक्ति इस मंत्र को या इसके अर्थ को पढ़कर कंठस्थ कर लेता है वह इस मंत्र के मूल अर्थ को जान सकता है और जो व्यक्ति इस मंत्र के क्रियात्मक अर्थ को पढ़कर भी जान लेता है वह स्थूल अर्थ कहलाता है। परंतु वह भी अधूरा ही है। जैसे कार ड्राइविंग की पुस्तक को पढ़कर कार को ड्राइव करने की विधि को जाना जा सकता है, परंतु ड्राइव नहीं कर सकते, इतना जरूर जान सकते हैं कि कार को ऐसे ही चलाया जाता है, जैसा कि इस लेख में है। परंतु ड्राइव के स्थूल अर्थ को पढ़कर जरूर जान लेता है और वह ड्राइव के विषय पर तर्क भी कर सकता है, परंतु फिजिकल नहीं कर सकता। जब व्यक्ति किसी ड्राइवर के साथ कार में बैठकर ड्राइविंग सीट को सँभालता है और साथ में बैठे ड्राइवर के निर्देशों का पालन करता हुआ कार को ड्राइव करना सीख लेता है, तब जाकर वह ड्राइविंग के सूक्ष्म अर्थ को समझ पाता है। गायत्री मंत्र

को यजुर्वेद में कई बार बताया गया है– "तत्सवितुर्वरेण्यं भर्गो देवस्य धीमहि धियो यो नः प्रचोदयात्।" इसमें ॐ भूः भुवः स्वः साधन में बैठने की क्रिया है, बाकी मंत्र सब प्रक्रिया है। इस मंत्र में चौबीस अक्षर हैं और साधन क्रिया के अक्षर ॐ भूः भुवः स्वः अलग हैं। ये सब वैज्ञानिक तथ्य एवं क्रिया है। उस क्रिया से जुड़ना ही क्रियायोग कहलाता है। साधन में बैठने की क्रिया के अक्षर ॐ भूः भुवः स्वः।

ॐ यानी अ+उ+म=ॐ में प्रविष्ट होना। अ यानी आदि में हम जैसे थे, उसी स्थिति में आना, आदि में हम माँ के गर्भ में थे। माँ के गर्भ में कान व आँख बंद थे और मुँह की जिह्वा भी पीछे की ओर पलटी हुई थी और मुँह बंद था यह स्थिति अ यानी आदि की थी। अब उ यानी ऊर्जा। गर्भ के अंदर भी मानव नासिका के द्वारा समभाव की सहज स्थिति में श्वासों की क्रिया चलती थी और वह ऊर्जा को प्राप्त करता था। उस ऊर्जा में बसे होते हैं प्राण, जिसके संचार से प्रकट होता है प्राणवाक्षर। प्राणवाक्षर में जो स्पंदन (कंपन) है वह सारे जगत् को संचालित करता है, उसी शक्ति को प्राणपति कहा गया, आत्म-तत्त्व कहा गया और वह पूर्णता को प्राप्त करने में सक्षम है। (Every soul is Destinated to be perfect) इसीलिए वैज्ञानिक शक्ति का सिद्धांत बताते हुए कहते हैं Energy can neither be created nor be destroyed अर्थात् (ऊर्जा) शक्ति का न कभी जन्म होता है और न कभी नाश होता है। म यानी मृत्यु। कहते हैं, संसार में मृत्यु ही सर्व सत्य है, जिसको पार पाने के लिए वैज्ञानिक (ऋषियों) हर मानव जनम में यत्न करते हैं। मृत्यु के समान अडिग साधन-युक्त होकर स्वत को प्राप्त होता है। जो व्यक्ति गायत्री मंत्र से दीक्षित होकर ॐ (अ+उ+म) में प्रवेश करता है अ से आदि में जैसे थे, गर्भ में हम उलटे थे, परंतु ऋषियों ने हमें सीधे सुखासन में बैठने को कहा। मेरुदंड को सीधे रखते हुए दृष्टि, कान, जिह्वा को अंतर्मुखी करके बैठना। यह हो गया ॐ का पहला अक्षर अ। फिर ऊर्जा यानी श्वासों को सम करना, बराबर श्वास लेना और छोड़ना –ये हुआ ॐ का दूसरा अक्षर उ। फिर मृत्यु के समान अडिग होकर बैठना हिलना-डुलना नहीं चाहिए, ध्यान मुद्रा में बैठे हुए शरीर का जो भोग पृथ्वी को स्पर्श कर रहा हो, वहाँ से ध्यान लगाना। जहाँ पर इडविडा नाड़ी और सुषुम्ना नाड़ी है अब आपका ॐ पूरा हुआ। फिर भूः (भूमिलोक) से सूरति (ध्यान

लगाना) लगाते हुए भुवः (अंतरिक्ष लोक) में पहुँचेंगे। जो आँखों के पीछे तीसरा नेत्र है, उसे स्वः स्वर्गलोक त्रिकुटी कहते हैं। अब आप गायत्री मंत्र के साधन अक्षरों में प्रविष्ट हुए यानी ॐ भूः भुवः स्वः जब साधक ध्यान के द्वारा स्वः में पहुँचता है तो वहाँ पर तत्सवितु तत्त्व है जो तत्त्व सूर्य के समान प्रकाशित है। उसे वरण करना चाहिए यानी वरेण्यं। उस अग्नि (भर्गो) देवता का (देवस्य धीमहि) ध्यान करना चाहिए। शिवपुराण के अनुसार, भर्गो (प्रकाश) में जितना ध्यान लगाओगे उतनी ही सूरति (ध्यान) उस प्रकाश में समाहित होगी, जिसे देवता भी ध्यान करते हैं। धियो यो नः प्रचोदयात् उस परम प्रकाश के अंदर प्रविष्ट होते-होते चमत्कार ही देखने को मिलते हैं। जब सुषुम्ना नाड़ी जाग्रत् होती है तो साधक न जाग्रत् अवस्था में होता है और न ही स्वप्न अवस्था में। वह सुषुप्त अवस्था से तुरीय अवस्था में पहुँचता है। उसे अपने शरीर का ज्ञान नहीं रहता। उसके पिंड में स्पंदन प्रकट होता है, जो चराचर जगत् में समान रूप से व्याप्त महास्पंदन से जुड़ जाता है। जिससे वह कोटि-कोटि ब्रह्मांडों को उस परमशक्ति में मिल जाता है। उसके लिए संसार में कोई भेद नहीं रहता। यह गायत्री मंत्र का स्थूल अर्थ है, जिसे किसी तत्त्ववेत्ता के द्वारा इस वैज्ञानिक तथ्य को जानकर ही करना चाहिए, जिससे वह पूर्णता को प्राप्त होता है। फिर वह पूरे संसार को एक परिवार के रूप में देखता है।

जब जीवात्मा अपनी परिधियों को तोड़कर परमात्मा में विलय हो जाती है तब वह संकीर्णता का अनुभव नहीं करती। उसकी संकीर्णता खत्म हो जाती है, फिर आदमी विशालता का अनुभव करता है। संसार में कोई ऐसी वस्तु नहीं है जो मानव को शाश्वत सुख प्रदान कर सके। अनादिकाल से देखने में आ रहा है कि प्रकृति एक नियम से चल रही है। पृथ्वी, सूर्य, चंद्रमा, तारे, समुद्र, नदियों, पर्वत व वनस्पतियों आदि में एक संतुलन बना हुआ है, जो मानव के लिए अत्यंत उपयोगी है। मानव मूल रूप में प्रकृति से जुड़ा होने के कारण प्राचीन काल से ही प्रकृति का रहस्य जानने के लिए प्रयासरत है, जिसके फलस्वरूप कितनी ही खोजें चल रही हैं। किसी वस्तु की वास्तविकता को जानकर उसका सीमित उपयोग तो ठीक है, किंतु सुख-समृद्धि, मान-प्रतिष्ठा अथवा शक्ति-संपन्नता के लिए प्राकृतिक स्रोतों का बेतहाशा दुरुपयोग अंततः मनुष्य के विनाश का कारण है। इसीलिए पहले ऋषि-मुनियों ने स्वयं को जानने के लिए

कहा, क्योंकि प्रकृति से मानव के रहन-सहन, भोजन आदि की व्यवस्था होती है। परंतु प्रकृति की संतुलित सुरक्षा मानव ही कर सकता है। मानव प्रकृति का फल है और उस परमब्रह्म का हृदय है। मानव स्वतंत्र है। उसे निश्चय करना है कि प्रकृति की खोज कहाँ से शुरू करनी चाहिए और कहाँ तक करनी चाहिए। माना कि प्रकृति एक पेड़ है, उस पेड़ की क्या उपयोगिता है, उसे जानने के लिए हमें उसकी जड़ों को नहीं खोद डालना है। मानव फल है तो प्रकृति उसकी जड़ें। जैसे आम का फल है। अगर वह अपनी खोज करना चाहे तो उसे अमृत के समान अपने रसास्वादन का अनुभव मिलेगा और उस अनुभव के बाद उसे बीजपिंड (आम का बीज) के अनंत ज्ञान का अनुभव होगा, क्योंकि उस बीज पिंड में विशाल आम का वृक्ष छुपा होता है और उस वृक्ष में भी आम का बीज इसी तरह जितनी बार खोजेगा उतनी बार उसे अनंत विशालता का अनुभव होगा। इसी तरह मानव जब अपनी खोज करता है तो उसे वर्तमान से भूतकाल में जाना होगा, तभी वह स्वयं को सृष्टि के गर्भ की खोज कर सकता है। विश्व में ही अनंत के गर्भ में ऐसा कुछ भी नहीं जो बीज रूप में बालक के भीतर न हो। मानव द्वारा की गई आज तक की समस्त खोजें ज्ञान-विज्ञान का रहस्य तथा ऋषियों ने जो भी किया, जो कुछ जाना और जो कुछ जानने में प्रयासरत हैं, उसमें बालक अगली कड़ी है। क्योंकि बालक में ही प्रकृति बीजमात्र स्थित है। मानव बीजमात्र है। चर-अचर में केवल मानव ही ऐसा प्राणी है, जो परिवर्तन की खोज में लगा रहता है और सफलता को प्राप्त होता है; परंतु मानव जब तक शांत नहीं होता, तब तक उसमें खोजने की प्रक्रिया जाग्रत् नहीं होती। खोज से ही मानव का विवेक जाग्रत् होता है। जब मानव स्वयं से खोजना शुरू करता है तो स्वयं शांत होने लगता है। तभी उस परमेश्वर का अनुभव स्वयं में होने लगता है। मानव को अपने मस्तिष्क को, अपने मन को खाली रखना होता है। न अच्छा, न बुरा, न लाभ, न हानि, न दुःख और न सुख का अनुभव करना न उन्नति, न अवनति, ऐसा करने से मन शांत होता है। जब तक मनुष्य में सुख-दुःख की लहरें चलती रहती हैं तब तक उस परम शक्ति का अनुभव नहीं कर सकता। जैसे व्यक्ति नदी के किनारे बैठ जाए और बहते हुए जल में पूर्णतया सूर्य के प्रतिबिंब को नहीं देख सकता और ठहरे हुए जल में देख सकता है। इसी तरह मन के ठहरने पर

आत्म-तत्त्व प्रतिबिंबित होने लगता है, इसी तरह शक्ति का साक्षात्कार करके मानव महामानव और महामानव से भगवान् तक कहलाता है। यहाँ ईश्वर सिद्धि में प्रत्यक्ष प्रमाण नहीं है, न ईश्वर जगत् का उपादान कारण है और पुरुष से विलक्षण अर्थात् पूर्ण होने से परमात्मा का नाम (स्वर) पुरुष और शरीर में शयन करने से जीव का नाम पुरुष है। यदि पुरुष में प्रधान शक्ति का योग हो तो पुरुष को सद्‌गति प्राप्त हो जाएगी। अर्थात् जैसे प्रकृति सूक्ष्म से मिलकर कार्यरूप में संगत हुई है, वैसे परमेश्वर स्थूल हो जाए, इसलिए परमेश्वर जगत् का उपादान का कारण नहीं है, किंतु निमित्त का कारण जरूर है। जब चेतन से जगत् की उत्पत्ति हो तो जैसा परमात्मा समग्र ऐश्वर्य युक्त है, वैसा संसार भी सर्वेश्वर्य का योग होना चाहिए, सो नहीं है। इसलिए परमात्मा संसार का उपादान, किंतु निमित्त कारण है। जो जन्म-रहित सत्व, रज, तमोगुण प्रकृत है वही स्वरूपाकार से बहुत प्रजारूप हो जाती है।

अर्थात् प्रकृति परिणामी होने से अवस्थांतर हो जाती है और पुरुष अपरिणामी होने से वह अवस्थांतर होकर दूसरे रूप में कभी नहीं प्राप्त होता, सदा कूटस्थ निर्विकार रहता है। आत्मा शब्द से अनीश्वरवादी नहीं है—**'अताति सर्वत्र व्याप्नोतीत्यात्मा'** जो सर्वत्र व्यापक सत्ता है, जो धर्मानुसार सब जीवों की आत्मा है। उसको मीमांसा, वैशेषिक और न्याय ईश्वर मानते हैं। **'अज एकपात् स पर्च्यगाच्छुक्रमकायम्'**— ये यजुर्वेद के वचन हैं। इन वचनों से सिद्ध है कि परमेश्वर जनम नहीं लेता। जो अजनमा है, वह अनंत है, वह अपार है, वह स्वयं में प्रकट होता है, स्वयं में साक्षात्कार होता है। जब मानव उस परम आनंद को प्राप्त होता है तभी परमेश्वर को प्राप्त होता है। आनंद ही परमेश्वर है।

सत्+चित्+आनंद ही परमेश्वर है। वे सबसे परे हैं। उससे परे कुछ भी नहीं। वेद कहता है— सारे जीव उस परमब्रह्म के अंश हैं। उनकी दो शक्तियाँ हैं। एक परा शक्ति, एक अपरा शक्ति। वो सूक्ष्म से सूक्ष्मतर शक्ति है। जीव कर्ता है, जीव अणु है। कुछ परमाणुवादी महापुरुषों का कहना है कि कुछ विशेष परमाणुओं के संयोग से आत्मा अर्थात् ज्ञान-तत्त्व शरीर में, शरीर के साथ उत्पन्न होता है और उन परमाणुओं की विषमता से पुनः चेतना समाप्त हो जाती है। आत्मा कोई स्वतंत्र तत्त्व नहीं है, परंतु ऐसा अगर थोड़ी देर के लिए मान भी लिया जाए तो 'गीता' के

दूसरे अध्याय के अनुसार जन्म से पूर्व सभी प्राणी अव्यक्त थे और मृत्यु के पश्चात् पुनः अव्यक्त हो जाते हैं, अर्थात् पूर्व स्थिति को प्राप्त होते हैं। इस तरह चेतन आत्मा की क्या हानि। यदि शरीर के साथ ही आत्मा उत्पन्न होती है और शरीर के साथ ही नाश होती है और जब तक आत्मा व शरीर का संयोग है तब तक मैं (आत्मा) की प्रतीति होती है और तब तक शरीर में मैं की प्रतीति होती है, तब तक ही मान-अपमान, सरदी-गरमी, संयोग-वियोग आदि का दुःख होता है, किंतु जब शरीर ही न रहे और शरीर न होने से मैं (आत्मा) की प्रतीति न रही तो मान-अपमान, सरदी-गरमी, संयोग-वियोग आदि का दुःख भी न रहा, यानी हर प्रकार से दुःखों से मुक्त हो गए। अतः सिद्ध होता है कि शरीर की उत्पत्ति व नाश से भी आत्मा की कोई हानि नहीं। अर्थात् मानव जीर्ण शरीर को छोड़कर नया शरीर धारण करता है। गीता में कहा गया है –

'वासांसि जीर्णानि यथा विहाय, नवानि गृह्णाति नरोऽपराणि। तथा *शरीराणि यथा विहाय जीर्ण्यानि संयाति नवानिदेही॥* जब मानव ज्ञान को जानकर विज्ञान के परिधान पहनकर दृढ़ संकल्प लेकर योग से जुड़ते हैं, वे सफल होते हैं, क्योंकि दृढ़ संकल्प एक महान् शक्ति है। मानव का मन निरंतर संकल्प-विकल्प करता है, मन में भाव भी उठते हैं और कुभाव भी उठते हैं। स्थितियाँ अनुकूल भी होती हैं और प्रतिकूल भी होती हैं। लेकिन जो संकल्पवान् होकर दृढ़ निश्चय के साथ कर्म करता है, उसको सफलता जरूर मिलती है, परंतु कुछ लोग परमात्मा को अपने अंदर मानते हैं, बाहर नहीं मानते। वह ईश्वर सर्वव्यापक होने से रावण-कंस आदि के शरीरों में भी परिपूर्ण रहा है। वह जब चाहे उसी समय गर्भच्छेदन कर नाश कर सकता है। भला इस अनंत गुणकर्म स्वभाव-युक्त परमात्मा को एक क्षुद्र जीव के मारने के लिए जन्म-मरण युक्त करनेवाले को मूर्खपन से अन्य कुछ विशेष उपमा मिल सकती है। और जो कोई कहे कि भक्तजनों के उद्धार के लिए जन्म लेता है तो भी सत्य नहीं, क्योंकि जो भक्तजन ईश्वर की आज्ञानुसार चलते हैं, उनके उद्धार करने का पूरा सामर्थ्य ईश्वर में है। क्या ईश्वर के पृथ्वी, सूर्य, चंद्र आदि जगत् को बनाने, धारण और प्रलय करने के रूप कर्मों से कंस-रावण आदि का वध और गोवर्धनादि पर्वतों का उठाना बड़े कर्म हैं? जो कोई इस सृष्टि से परमेश्वर के कर्मों का विचार करे तो – न भूतो न भविष्यति, ईश्वर का

जन्म सिद्ध नहीं होता। जैसे कोई अनंत आकाश को कहे कि गर्भ में आया और मुट्ठी में धर लिया, ऐसा कहना कभी सच नहीं हो सकता; क्योंकि आकाश अनंत और सर्वव्यापक है। इससे न आकाश बाहर आता है और न भीतर जाता है। वैसे ही अनंत सर्वव्यापक परमात्मा के होने से उसका आना-जाना कभी सिद्ध नहीं हो सकता। जाना व आना वहाँ हो सकता है जहाँ वह न हो। क्या परमेश्वर गर्भ में व्यापक नहीं था, जो कहीं से आया? और ईश्वर के विषय में विद्याहीनों के सिवाय कौन कह सकता है। इसलिए परमेश्वर का आना-जाना, जनम-मरण कभी सिद्ध नहीं हो सकते। क्योंकि राग-द्वेष, क्षुधा-तृषा, भय-शोक, सुख-दुःख, जन्म-मरण आदि गुणयुक्त होने से मनुष्य ही थे।

ईश्वर साक्षरित होता है, उसका अनुभव होता है वह आनंद का विषय है। वह परम आनंद एवं परम गति भी है। वह गुणों से परे की शक्ति है। गुण उसके द्वारा बखानित होते हैं अर्थात् जाने जाते हैं। इस वैज्ञानिक युग में हजारों प्रकार की मशीनों का निर्माण हो रहा है, परंतु उनके गुण तभी जाने जाते हैं जब विद्युत् (शक्ति) द्वारा उन्हें चालू किया जाता है। तभी मालूम होता है कि वे मशीनें क्या कार्य करने में सक्षम हैं। इसी तरह से ब्रह्मांड में जितने जीव-जंतु, जड़-चेतन हैं, सभी के गुण-अवगुण उसी शक्ति से जाने जाते हैं। अवगुण उसी को कहते हैं जो गुण हमें पसंद न हो। प्रत्येक मानव किसी-न-किसी गुण से अधिक संपन्न होता है। सतोगुणी मानव भक्तयुक्त और सम्मोहित, वाचाल आदि गुणों से परिपूर्ण होता है और अपने यौगिक यत्न से वो महापुरुष (गुरु) की आज्ञा से स्वयं में परब्रह्म की अनुभूति एवं साक्षात्कार करता है। और दूसरों को भी साक्षात्कार कराने की क्षमता रखता है और वो मानव से महामानव (महापुरुष) कहलाता है।

भक्तजन उनके चरित्र, ज्ञान और बाल-लीलाओं का वर्णन करके अपने को धन्य मानते हैं और अपना जीवन कृतार्थ करते हैं। इन महापुरुषों का ध्येय मानव को अच्छे मार्ग पर चलने हेतु प्रेरित करना होता है

मानव अपने आंतरिक सुख के लिए इन महापुरुषों के गुणों को अपने जीवन में उतारते हैं। किसी-किसी महापुरुष का ध्येय अपने धर्म (पंथ) का प्रचार करना होता है। और वो जाति धर्म उनके नियमों का संचालन भर करना, करवाना होता है और कुछ महापुरुषों का ध्येय गरीब

दबे व्यक्ति, अन्याय से जूझते मानव को समाज में उठाने का होता है। जैसे भगवान् बुद्ध ने अपने जीवन का लक्ष्य अन्याय से जूझते व्यक्तियों को उबारने के लिए बनाया और उन्हें अंधविश्वास से ऊपर उठाया। वर्तमान में जितने अंधविश्वास थे, उनका उन्होंने विरोध किया। जो व्यक्ति अंधविश्वास में एक समाज के द्वारा शोषित हो रहे थे, उनका विरोध भगवान् बुद्ध ने किया और उन्हें सच्चा ज्ञान देकर उन्हें सत्य का मार्ग दिखाया। जीवन में जो चीज मानव के अनुकूल होती है उसी में उसे सुख और जो प्रतिकूल होती है उसमें दुःख का अनुभव करता है। हमारी इंद्रियों को जो अच्छा लगता है वह सुख है और इंद्रियों को जो नहीं सुहाता वह दुःख का हेतु है। जीव सुख की खोज में मारा-मारा फिर रहा है, परंतु प्रत्येक जीव में विद्युत् शक्ति तो एक ही है, जो चराचर संसार का कार्य कर रही है। वो शक्ति जो स्थूल को तरल बना रही है और तरल को स्थूल बना रही है, ध्वनि वर्धन कर रही है। शीतल को गरम और गरम को शीतल कर रही है। कहीं तो इससे दहन की क्रिया हो रही है और कहीं प्रकाश का स्रोत (Goddess) पैदा हो रहा है। इसी प्रकार अंतःकरण (Inner Self) नाम का यंत्र तो सभी के शरीर में मौजूद है। वह अंदर-बाहर समान रूप से सभी जगह व्याप्त है। कण-कण में उसी की सत्ता है। वह स्वयं में स्वयं है। वही नचानेवाला है और वही नाचनेवाला, पर देखनेवाले की दृष्टि होनी चाहिए। कोई ऐसा स्थान नहीं जहाँ पर उसकी शक्ति न हो। पलटू साहिब की बानी है—

तीन लोक फुलवारी तेरी, फूलि रही बिनु माली है।
घट-घट बैठा आपै सींचै, तिल भर कहीं न खाली है॥
चारि खानि औ भुवन चतुरदस, लख चौरासी बासा है।
आलम तोहि में आलम, ऐसा अजब तमाशा है॥
नटवा होइकै बाजी लाया, आपुइ देखन हारा है।
पलटू दास कहौं मैं कासे, ऐसा यार हमारा है॥

उस सर्वशक्तिमान परमात्मा से अलग कुछ भी नहीं है। वह अनंत अनादि है। तो जीव भी वैसा है। यदि ईश्वर का जीवन अनंत है तो जीव भी अनंत जीवन भोगने के लिए आया है। यदि वह ज्ञान का भंडार है तो जीव भी ज्ञान का भंडार है। इसलिए संतों ने मानव से स्वयं को जानने के लिए कहा है। पिता कभी अपनी संतान को अपने से छोटा नहीं

बनाता, स्वयं जैसा ही बनाता है। परमेश्वर स्वयं भी अपरिमित है तथा सुख के साधन भी अपरिमित बनाए हैं। स्वयं अज्ञान के कारण जीव समझ नहीं पाता। जो ज्ञानी होते हैं, ज्ञान का अर्जन करते हैं, वे अपारदर्शी होते हैं वे अध्यात्म के द्वारा ब्रह्मज्ञान को जान लेता है। कभी-कभी देवता इनमें बाधक़ बनते हैं, पर मन इन पर शासन करता है। जैसे हाथों में इंद्र, नेत्रों में सूर्य, नासिका में अश्विनीकुमार, कानों में दिशाएँ, रसना में वरुण, वाणी में अग्नि, शब्द में आकाश विद्यमान है। और इन देवताओं पर शासन करता है मन, जो इंद्रियों के शासक का संचालन करता है। मन स्वयं ज्ञान-स्वरूप नहीं है, बल्कि उसे ज्ञान-प्राप्ति का साधन बताया गया है। मन जीव को टिकने नहीं देता, गिरगिट की भाँति रंग बदलता रहता है, जो सुख-दुःख का कारण है। वह राग-द्वेष के चक्कर में फँस जाता है और जय-पराजय का शिकार हो जाता है। मन स्वयं विभु नहीं है तो अनंत सुख का कारण कैसे बन सकता है। मन क्षण में राजा, क्षण में रंक बन जाता है। मन कभी साधुता का अनुभव करता है तो कभी पराई सुंदरता पर अधीर हो उठता है। इसी तरह बुद्धि भी प्रकृति के अधीन होकर अविधा का रूप धारण करती है। वह भी निर्णय नहीं कर पाती कि सत्य क्या है, जब मानव का मन बुद्धि से परे क्षेत्रज से पार भक्ति (Devotion) द्वारा परमप्रकाश का साक्षात्कार (being face to face) कर लेता है, तब तुम संसार से परे होते हो।

प्रत्येक स्थूल तत्त्व में सूक्ष्म सच्चिदानंद तत्त्व व्याप्त है। वैसे ही विश्व ब्रह्मांड में माया व्याप्त है। और माया में ब्रह्म है। माया दिखती भी है, पर ब्रह्म नहीं दिखता। कहा गया है–तुम हो एक अगोचर, सबके प्राणपति। वह प्राणों का भी स्वामी है, वह प्राणों के अंदर रमण करता है, ध्यान के द्वारा हम आत्मचिंतन से ब्रह्म, ब्रह्मपार करके परमेश्वर का साक्षात्कार करते हैं।

पारब्रह्म परमेश्वर, तुम सबके स्वामी– जो मानव ज्ञान-विज्ञान के द्वारा उस परम सत्ता को जान लेता है वही विज्ञानधन है, वही क़र्म है, वही धर्म है, जो सारे संसार को धारण किए हुए है। धर्म को मनुष्य अलग-अलग मानते हैं। परंतु धर्म मानने का विषय नहीं है, जानने का विषय है। धर्म कोई परिपाटी नहीं है। धर्म कभी नया-पुराना नहीं होता। धर्म यानी धारण करना, जिसने सारे संसार को धारण कर रखा है। जिस

सत्य से सारा संसार परिवर्तित होता दिखाई देता है। वही धर्म है, उसी धर्म को जानने के लिए अनेक महापुरुष, संत, भगवान्, सद्गुरु समय-समय पर अवतरित हुए। जिनके द्वारा बताए हुए मार्ग अलग-अलग भासते तो हैं, परंतु लक्ष्य एक ही है। कारण पृथक्-पृथक् संस्कृतियों में महापुरुषों का जन्म होना है, जिससे उनकी भाषा, रहन-सहन आदि बदलाव के कारण ही धर्म के मार्ग अलग-अलग दिखाई देते हैं; परंतु मानव उन महापुरुषों के रहन-सहन, भाषा, व्यवहार, निवास, उनके वस्त्र, उनके स्थानीय नियम आदि जानकर भ्रमित मानव यह समझ बैठता है कि मैंने धर्म को जान लिया है। जब इसी तरह दूसरे देश के महापुरुष के मार्ग का भ्रमित मानव एक-दूसरे से मिलते हैं तो स्वयं को सबसे बड़ा धार्मिक विद्वान्, ज्ञानी होने के अहंकार के कारण बहस व शास्त्रार्थ के साथ-साथ एक-दूसरे का मान-मर्दन करते हैं। इसी तरह अनेक महापुरुषों के मार्ग के भ्रमित मानव स्वयं को अमुक-अमुक धर्म का बताते हुए, आपस में श्रेष्ठता के लिए लड़ते हैं, पूजा स्थानों के लिए लड़ते हैं। क्या यही धर्म है? महापुरुषों ने मानव को उस परम सत्य का ज्ञान दिया, उन सबका ज्ञान एक जैसा है, परंतु मानव ने उनके आचार, नियम, वेशभूषा, रहन-सहन, आकार, पूजा आदि अपनाकर उस परम सत्य परमात्मा का ज्ञान अपनाना छोड़ दिया, जिससे धर्म का ज्ञान होना था। इसीलिए किसी ने कहा है—

"पंथ के दरवाजे बड़े-बड़े, तंग अल्ला की मोरी।
मुल्ला पंडित जाने न देवे, जो जाए सो चोरी-चोरी॥

जो धर्म के गूढ़ अर्थ को समझ लेता है वही पुरुष महापुरुष कहलाता है, धर्म जिसने सारे संसार को धारण कर रखा है। जैसे अलग-अलग तरह के फूलों की माला, जिसके अंदर धागा होता है जो दिखाई नहीं देता वही धागा सभी फूलों को धारण किए होता है, किंतु कहलाता है माला। धागे का कहीं नाम नहीं लिया जाता। इसी तरह महापुरुषों के बताए हुए मार्ग फूलों की तरह अलग-अलग दिखते तो हैं, पर मंजिल मिल जाने पर उनमें कोई भेद नहीं होता; क्योंकि उन्हें कोई फूल नहीं कहता। वो माला (धर्म) कहलाता है और उसमें पिरोया हुआ धागा परम सत्ता का बोध कराता है। सैकड़ों पंखुड़ियाँ फूल में होती हैं, हजारों प्रकार की करोड़ों मालाएँ बनाई जाती हैं और उन सब में धागे की शक्ति होती है, परंतु उस शक्ति को

कोई नहीं देखता। इसी तरह कोटि-कोटि ब्रह्मांड है और वो **सोलर सिस्टम** किस प्रकार से चलता है, उसका बाहरी परिवर्तन तो दिखता है, परंतु जो इस सिस्टम को चलानेवाला है वो हमें नहीं दिखता, क्योंकि वह शक्ति धागे की तरह हमारे अंदर पिरोया हुआ है। वास्तव में मेरा शरीर है, परंतु मैं शरीर नहीं हूँ। मेरे कान हैं, किंतु मैं कान नहीं हूँ, मेरे दाँत हैं, परंतु मैं दाँत नहीं हूँ, मेरे शरीर में शक्ति बल है जिससे वजन उठाता हूँ। वजन उठाते हुए हाथों की क्रिया दिखती है, परंतु वह शक्ति नहीं दिखती। न दिखनेवाला, दिखनेवाले को नचा रहा है। जैसे न दिखनेवाली बिजली मशीनों को चलाती है इसी तरह न दिखनेवाला **परमात्मा** दिखनेवाले जड़-चेतन जगत् को नचा रहा है। संसार में हर चीज परिवर्तनशील है। कण-कण परिवर्तनशील है तो हर कण को परिवर्तित करनेवाला, उसके अंदर है जो कभी परिवर्तित नहीं होता। वह हमेशा एक सा रहता है। संतों ने कई दृष्टांत दिए, जैसे चक्की चलती है उसकी मध्य वाली कील नहीं घूमती, जो नहीं घूमती वही चक्की को घुमाती है। यानी मुझे चलानेवाला, मेरा परिवर्तन करनेवाला मेरे अंदर ही विराजमान है। मेरा जन्म होता है, उसका जन्म नहीं होता। वह अजन्मा है। मेरा अंत है, यानी काल के वश में हूँ– अहम् कालर्मोषि। और वो अनंत है। वह जो शक्ति हमारे प्राणों में विराजमान है उसको देखने की क्रिया, यानी साक्षात्कार करने की क्रिया को बताने के लिए संत, महापुरुष, भगवान्, सद्गुरु मानव को अपने ज्ञान द्वारा कर्मयोग, भक्तियोग, क्रियायोग के द्वारा उस परमात्मा के दर्शन कराते हैं तो मानव कृतार्थ होकर प्रभु-भक्ति में खो जाता है और संसार की कामना नहीं करता। वह कामना-रहित हो जाता है और लग जाता है उस कर्म में, जिससे विश्व की रचना होती है।

कर्म प्रधान विश्व रचि राखा।

ऐसा करके वह जीव प्रभु के साथ हो जाता है। उनका सान्निध्य प्राप्त हो जाता है तो वह ईश्वरमय हो जाता है, क्योंकि वह है ही–

"ईश्वर अंश जीव अविनाशी।"

ईश्वर की प्राप्ति होने के बाद सदा के लिए दुःख-क्लेश दूर हो जाते हैं। सदा के लिए शांति और आनंद हो जाता है। सारे दुर्गुण नष्ट हो जाते हैं। भगवान् के निरंतर स्मरण से भगवान् भक्तों के पीछे-पीछे घूमते हैं। श्रीमद्भागवत में कहते हैं–

"निरपेक्षं मुनिं शानतं निर्वैरं समदर्शिनम्।
अनुव्रजाम्यहं नित्यं यूयेयेत्यङ्घ्रिरेणुभिः॥"

श्री शंकर भगवान् मार्कंडेयजी को समझाते हुए कहते हैं, जब भक्त उस पूर्ण परमात्मा का चिंतन ध्यान में उस परमलघु नाम का स्मरण करता है तो लोक, लोकपाल मैं और भगवान् ब्रह्म और स्वयं हरि विष्णु उस ब्रह्म ज्ञानी भक्त की वंदना करते हैं और उसकी चरण रज अपने माथे से लगाते हैं।

श्रीमद्भागवत द्वादश स्कंध में है–

"सलोका लोकपालास्तान् वन्दन्त्यर्चन्त्युपासते।
अहं च भगवान् ब्रह्म स्वयं च हरिरीश्वरः॥"

जो उस अविनाशी के भक्त होते हैं, उनका पूजन ब्रह्मा, विष्णु, महेश भी करते हैं और उस पूर्ण परमात्मा से सभी देवगण व मनुष्य जन्म लेने की कामना करते हैं, जिससे वह भी प्रभु की भक्ति का आनंद ले सके और उस कृपा-निधान के अंश से जा मिले। कहते हैं–

बड़े भाग मानुष तनु पावा।
सुर दुर्लभ सद्ग्रंथन गावा॥

मनुष्य का जन्म देवताओं के लिए भी दुर्लभ बताया है। इससे यह सिद्ध होता है कि मनुष्य योनि ही जीव का उद्धार कर सकती है, जिससे चौरासी के चक्कर से बचा जा सके। जब मनुष्य समय के तत्त्वदर्शी महापुरुष के द्वारा उस ईश्वर को जान लेता है। उनके द्वारा जनाए गए नाम का निरंतर सुमिरन करने से ईश्वर और जीव का भेद मिट जाता है। और वह उस महास्पंदन को प्राप्त कर लेता है, जिससे तीन गुण स्पंदित होते हैं– जन्म, मृत्यु, पालन की क्रिया एक साथ होती है, जिसके अधिपति त्रिदेव हैं यानी– ब्रह्मा, विष्णु, महेश। ब्रह्माजी अपने कमलासन पर, विष्णु शेष-शय्या पर, शिव बाघांबर पर आसनयुक्त होकर उस ईश्वर में जो **महास्पंदन** है, उसी में ध्यान के द्वारा अपने-अपने कारण अनुसार अपनी-अपनी शक्तियों को प्राप्त करते हैं। उन्हीं की शक्ति से ब्रह्मा संसार की सृष्टि करते हैं, विष्णु पालन करते हैं, शिव संहार करते हैं। संसार में जो भी दृष्टिगत है उसमें यही तीनों क्रियाएँ हो रही हैं। जैसे मनुष्य जन्म लेते ही पालन क्रिया शुरू हो जाती है और साथ-ही-साथ मृत्यु की ओर बढ़ना शुरू हो जाता है। और साथ-ही-साथ दूसरे जन्म की

प्रक्रिया शुरू हो जाती है और तीनों क्रियाएँ एक साथ शुरू होती हैं। अगर एक साथ न हो तो परिवर्तन कैसे होगा, कैसे बचपन से जवानी और बुढ़ापा, फिर मृत्यु को कैसे प्राप्त होगा। और ये तीनों क्रियाएँ ही ब्रह्मा, विष्णु, महेश हैं। कालांतर में जब महाप्रलय होती है तब वह **महास्पंदन** यानी **शब्द-ब्रह्म** सारी सृष्टियों को कोटि-कोटि ब्रह्मांडों को अपने में लीन कर लेता है। तब सिर्फ बचता है ईश्वर यानी शब्द। तब ब्रह्मा, विष्णु, महेश की शक्तियाँ समाप्त हो जाती हैं। इस दृष्टिगत संसार में जो भी दृष्टिगोचर हो रहा है जैसे पृथ्वी, जीव-जंतु, जड़-चेतन, सूर्य-चंद्रमा, असंख्य तारे, कोटि-कोटि ब्रह्मांड आदि। इनमें सबमें ब्रह्मा, विष्णु और शिव की ही शक्ति गोचर हो रही है। ये सारी शक्तियाँ उस **परमब्रह्म** की माया मात्र ही हैं। जब महाप्रलय के समय वह परमात्मा जब अपनी माया अपने में लीन कर लेता है तो ये त्रिदेव भी उसी में समा जाते हैं, समाप्त हो जाते हैं। इन त्रिदेवों की भी आयु होती हैं। ये भी उरा प्रभु परमात्मा की महामाया के दास होकर जीवन-मरण की यातनाएँ झेल रहे हैं। संत शिरोमणि तुलसीदासजी रामचरितमानस में लिखते हैं—

"गो गोचर जहँ लगि मन जाई।
सो सब माया जान्यो भाई॥"

जहाँ तक आप देख सकते हैं, जो-जो देख सकते हैं, जहाँ तक आपका मन जा सकता है वहाँ तक मेरी माया का ही विस्तार है। अगर कोई भक्त सोचे कि परमब्रह्म ऐसा होगा, वैसा होगा, मनगढ़ंत आकृतियाँ बनाए, कोई भी नाम सोचे। परमात्मा का नाम राम, कृष्ण, विष्णु, शिव, ईश्वर, अल्लाह, पैगंबर, ईसा आदि-आदि; परंतु ये कोई नाम नहीं है। ये सब ज्ञान देनेवालों के शारीरिक नाम हैं या नाम के गुण की प्रक्रिया हैं। कहते हैं—

"कोटि नाम संसार में, ताते मुक्ति न होय।
आदि नाम जो गुप्त भज, बूझे बिरला कोय॥"

अर्जुन के कहने पर, जब भगवान् श्रीकृष्ण रथ को दोनों सेनाओं के मध्य में लाते हैं तो अर्जुन कभी भगवान् श्रीकृष्ण को देखता है तो कभी कौरवों के उन योद्धाओं को, जो मरने और मारने पर उतारू हो रहे थे। अर्जुन भगवान् श्रीकृष्ण से कहते हैं कि हे मधुसूदन! मैंने सुना है कि जो मनुष्य आपका दर्शन पा लेता है वह आपकी गति को प्राप्त होता है,

भवसागर से पार हो जाता है (भावनाओं का सागर)। कोई इच्छा नहीं रहती, सिर्फ आपकी ही कामना करता है, आप की ही इच्छानुसार वह कर्म करता है। परंतु हे मित्र! यहाँ तो उलटा ही हो रहा है। ये तो आपको भी मारने के लिए उद्धत हो रहे हैं।

श्रीकृष्ण मुसकराकर बोले—हे पार्थ! **अहं कालमेषि**। अर्जुन, जिस शरीर को तू मुझे समझकर देख रहा है, वो भी **काल के वश** में है। एक दिन, वो भी समाप्त हो जाना है। मैं शरीर नहीं हूँ। जब कोई साधक अपनी कामेंद्रियों को वश में करके अपनी इंद्रियों को अंदर समेटकर अपने मन को रोककर, भक्तियुक्त कर्म करके **प्रणव अक्षर** के द्वारा मुझ **शब्द-ब्रह्म** की और दिव्य दृष्टि के द्वारा ब्रह्म प्रकाश (विधि के प्रकाश) को प्राप्त होता है। मेरे दर्शन ब्रह्मप्रकाश और शब्दब्रह्म के रूप में हृदयाकाश में होते हैं जो मन से परे बुद्धि के उपरांत क्षेत्रज्ञ के बाद सुन्न देश में गति करता है। तो वहाँ पर प्रकाश + शब्द को दर्शन एवं श्रवण करता है। वहाँ पर जीवन-मृत्यु रूपी शरीर का ध्यान नहीं रहता। वहाँ पर उसे मेरी अनन्य भक्ति प्राप्त होती है। वहाँ पर उस मनुष्य का द्वितीय जन्म होता है। यानी **द्विज** कहलाता है। उसे विधि (ब्रह्म) के प्रकाश का साक्षात्कार होता है। वह विप्र कहलाता है। हे अर्जुन! वही मेरा धाम है।

"न तद्भासते सुर्यो न शशांको न पावकः।
यद्गत्वा न निवर्तन्ते तद्धाम परमं ममः॥"

उस अलौकिक दर्शन के बाद इस भौतिक जगत् में उसका मन नहीं ठहरता। उसे यह जगत् स्वप्न के समान दिखाई देता है। भगवान् शिव उमा को समझाते हुए कहते हैं—

"कहहु उमा मै अनुभव अपना।
बिनु हरि भजन जगत् सब सपना॥"

उस सत्य हरि का नित्य अभ्यास (भजन) करने से ये जगत् उसे स्वप्न के समान प्रतीत होता है, वही साधक विप्र (विधि + प्रकाश) पूजने योग्य होता है। संत तुलसीदास कहते हैं—

"पूजहि बिप्र सकल गुण हीना।"

सारे गुणों से हीन विप्र पूजनीय होता है, क्योंकि ये संसार तीन गुणों से ओत-प्रोत है। **सतोगुण, रजोगुण, तमोगुण** ये गुण क्रमशः विष्णु, ब्रह्मा, शिव से संपादित है। इन त्रिदेवों से दृष्टिगत संसार का निर्माण,

पालन और अंत होता है। जो साधक, जो भक्त इन गुणों से हीन (परे) होता है, यानी संसार में रहते हुए संसार की कामना नहीं करता वह विप्र होता है। जो नित्य अपने ध्यान के द्वारा हृदयाकाश में विधि के प्रकाश का नित्य दर्शन करता है वही विप्र है। वह पूजने योग्य है। ऐसे सेवक (शूद्र) को नहीं पूजना चाहिए, जो अपने को प्रभु का सेवक कहते हैं, भक्त कहते हैं। जो योगियों जैसे वस्त्र धारण करते हो और तर्क-कुतर्क करने में माहिर हो, गुणी हो, ऐसे धन ऐंठनेवाले पुजारी सगुणी (सुंदर गुण) शूद्र को नहीं पूजना चाहिए, वह विप्र नहीं है। कबीर साहब कहते हैं—

"भेष बराबर सब कोई, भेद बराबर नाँहि।"

भेष धारण करके, केश बढ़ाकर, दाढ़ी लंबी करके, गेरुए वस्त्र पहनकर, तिलक लगाकर, ऊँचे वर्णों में जन्म लेकर कोई प्रभु का भेद नहीं जान सकता। भेष तो सभी बना सकते हैं।

"वर्ण जाति लिंग भेद कछु नाही।
ईश्वर शब्द व्याप्त जग माही॥"

ईश्वर स्वयं शब्द है, जो संसार में कोटि-कोटि ब्रह्मांडों में कण-कण में व्याप्त है। मनुष्य ही उस शब्द को व्यावहारिक जान सकता है। किंतु अन्य जीव जड़-चेतन में व्याप्त होते हुए भी वे नहीं जान सकते, क्योंकि मनुष्य स्वयं शिव शब्द है। स्वयं शिव है। अगर हम शिव शब्द से ई की मात्रा हटा दें तो केवल शव रह जाता है यानी शिव रूपी मनुष्य शव मात्र रह जाता है। तो हमें ज्ञात होता है कि मानव में से ई निकल जाने से उसकी मृत्यु हो जाती है। ई (ि) यानी आत्म-शक्ति निकल जाने से मनुष्य शिव से शव बन जाता है। मानव रूपी शिव में जो ई है वह आत्मा है। और उस आत्मा में स्वर है, यानी शब्द (आवाज) है, जो निरंतर होती रहती है। जो इस विधि के ज्ञान (विज्ञान) को जानते हैं ऐसे महापुरुष ज्ञानी, लोग मनुष्य को योग के द्वारा ध्यान ई के स्वर का ज्ञान कराते हैं। और उस ई के स्वर को जानना ही ईश्वर को जानना है। जो मनुष्य योग के द्वारा उस स्वर को जान लेता है, उसे योगेश्वर कहते हैं। योग का अर्थ जोड़ना समझना चाहिए, जैसे बिजली का तार बीच से टूट जाने पर बल्ब बुझ जाता है और जोड़ (योग) देने से बल्ब जल उठता है, प्रकाशमय हो जाता है। ऐसे ही व्यक्ति अपनी काया को प्रयोगशाला

मानकर मन को संयत करके बुद्धि के द्वारा ई के स्पंदन (स्वर) को, ध्वनि को, बलपूर्वक मन को रोककर ध्यानपूर्वक सुनने की कोशिश करता है तो स्वयं अपनी आत्मा के स्पंदन को सुनता है। उसी को 'गीता' में ब्रह्म शब्द कहा गया, कुरान में गैबी आवाज, गुरुग्रंथ साहिब में **शबद** कहा गया। जो व्यक्ति उस ई के स्वर (ब्रह्म-शब्द) में रमण करता है, उसे ब्रह्म रमण यानी ब्राह्मण कहलाता है। उसे ईश्वर की भक्ति भी कहते हैं। **भ** से भगवान् **गति** यानी बढ़ना, चलना। भगवान् की ओर बढ़ने को 'भगति' कहते हैं।

जैसे रात्रि में कहीं मंदिर में ढोल बजने की आवाज आती है तो परिवार में कोई कहता है, कहीं ढोल बज रहा है तो एक व्यक्ति कहता है ध्यान से सुनो, तो लगता है, दक्षिण दिशा से बैकुंठनाथ मंदिर से ढोल की आवाज आ रही है। तो दूसरा सदस्य कहता है और ध्यान देकर सुनो तो ढोल के साथ हारमोनियम-मजीरा भी बज रहा है। तो ढोल के स्वर को अनसुना करके और ध्यान देकर मन एकाग्र करके सुनते हैं तो हारमोनियम-मजीरा के साथ-साथ गाना गानेवाले की आवाज भी सुनाई देती है। काफी देर सुनने के बाद ध्यान बढ़ता तो इन्हें एक नारी के गायन की आवाज के साथ-साथ मंदिर में घंटे की आवाज काफी सुनाई पड़ती है। साधना की विधि जानने के बाद साधक अपने अंदर कई प्रकार के स्वरों को सुनता है। परंतु विधि के अनुसार उन स्वरों को अनसुना करके आगे के स्वरों को सुनता हुआ आगे बढ़ता है। तब कहीं उसे वह शब्द मिलता है, जिसे किसी ज्ञानी के द्वारा पहचान बताई जाती है कि ऐसा सुनाई पड़े तो समझना ब्रह्म-शब्द है। यानी ई का स्वर यानी साक्षात् **ईश्वर** है।

रामायण से –*सोई जानहिं जेहि जनाई।*

उस परम शब्द को वही जान सकता है जिसे जना दिया जाए। जनानेवाले परम पुरुष को ही सद्गुरु कहते हैं।

"भक्ति सरिस ना अधिक कोइ, सद्गुरु सम नहिं ध्यान।
संत इष्ट सम इष्ट नहिं, सार शब्द को ग्यान॥"

जब भक्त सारे स्वरों को परे करता-करता ई+स्वर यानी अपनी आत्मा का स्वर (स्पंदन) को पकड़ लेता है उस ईश्वर रूपी **सोऽहं** शब्द को ध्यान द्वारा मन एकाग्र द्वारा सुनने लगता है। तो मन वहीं रुक जाता,

आगे बुद्धि कार्य करती मन की चंचलता समाप्त हो जाती है और **सोऽहं** शब्द की आवाज में खो जाता है, जिसका अर्थ योगियों ने संतों ने अहं ब्रह्मर्षि, अहं ब्रह्मर्षि लगाया, यानी मैं ही ब्रह्म हूँ और वह ब्रह्म में रमण करने लगता है। यही मार्ग ब्राह्मण पथ है। परंतु दिखावा करने से कुछ प्राप्त नहीं होता। वह इस ई के स्वर को प्रैक्टिकल में नहीं जान सकता।

रामायण – *निर्मल मन जन सो मोहि पावा।*
मोहि कपट छल छिद्र न भावा॥

जब मन निर्मल जल की तरह होगा, तभी प्रभु की भक्ति का रंग चढ़ सकता है। जब मन निर्मल भक्ति के अनुकूल हो कोई अन्य चिंता नहीं हो, उसी को सुख कहा गया है। और सुख में सुमिरन करना चाहिए।

कहते हैं – *दुःख में सुमिरन सब करै, सुख में करै न कोय।*
जो सुख में सुमिरन करै तो दुःख काहे को होय॥

परंतु दुःख और सुख का भेद लगाना भी कठिन है, कोई शरीर के सुख को सुख मान रहा है, कोई मन के सुख को सुख मान रहा है। परंतु अनुकूलता-प्रतिकूलता सभी की भिन्न-भिन्न है। कोई तो धर्म में सुख मान रहा है, कोई अधर्म में आनंद ले रहा है। मानव अधर्म में रुचि भले ही ले ले, परंतु अंततः नाश की ओर बढ़ता है। धर्म जिसने संसार को धारण कर रखा है। अधर्म जिसे समाज नहीं स्वीकारता, धर्म जिसे नहीं धारण करता, परंतु धर्म की **नाव** में कोई अधर्मी अनीतिपूर्वक प्रविष्ट कर जाता है तो उसमें अराजकता फैलने लगती है, जो अंत में मानव अपना ही नाश करता है। जब तक मानव प्रकृति के साधनों को, प्रकृति के अनुसार प्रयोग करता है, तब तक मानव और प्रकृति का समन्वय (Coordination) बना रहता है। जब तक मानव प्रकृति के साथ नीतिवान् रहता है तब तक वह प्रगतिवान् (Progressive) रहता है। जब मानव अनीति, शोषण, बलात् जैसी पद्धतियाँ अपनाता है तो स्वयं का नाश कर बैठता है। प्रकृति के अंदर मानव का एक विशेष स्थान है। मानव कर्मयोगी है और अन्य जीव भोग योनियों में आते हैं। जो भोग योनियाँ हैं, उनके योग्यतानुसार मानव को लाभान्वित होना प्रकृति के अनुरूप है; परंतु उनके प्रति अनीति, शोषण, बलात् पद्धतियाँ अपनाकर मानव प्रकृति के संतुलन को असंतुलित करके स्वयं को विनाश के मार्ग पर स्वयं ले जाता है। जब मानव स्वयं के पाँच तत्त्वों (पृथ्वी, जल, आकाश, अग्नि, वायु) से नीतिपूर्वक

उपभोग करता है तब तक कोई भौगोलिक (Grographical) या पर्यावरणिक को खतरा नहीं रहता, परंतु जब उन तत्त्वों का शोषण बलात्पूर्वक होने लगता है तब मानव ही क्या, संपूर्ण सृष्टि ही विनाश की ओर बढ़ने लगती है। जैसे इस समय जल की समस्या बढ़ती जा रही है। पहले मानव ने अपनी प्यास या सिंचाई के लिए नदी या तालाबों के जल को प्रयोग किया। जो प्रकृति के द्वारा संचित किया हुआ था, फिर मानव ने स्वयं संचित करना शुरू किया, यहाँ तक उसने पृथ्वी के भीतर के स्रोतों का जल कुआँ (Well) खोदकर उसमें जल संचित करके प्रयोग में लाने लगा। यहाँ तक तो ठीक था, यानी उसकी खोज थी। फिर उन स्रोतों का शोषण हुआ तो स्रोतों से कुओं में जल स्वयं संचित होता था, मानव ने मशीनों का प्रयोग करके उन स्रोतों से जल छीनना शुरू कर दिया, जिससे पृथ्वी के ऊपरी भाग की नमी चली गई और फसलों की प्यास बढ़ती गई जहाँ-जहाँ नमी घटती गई, वहाँ-वहाँ मेघ भी जल की बारिश कम करते गए। ये वैज्ञानिक सत्य है, जहाँ पृथ्वी पर नमी होती है वहाँ बारिश अधिकतम होती है। जैसे जाड़े के मौसम में जहाँ बाग-बगीचे होते हैं या खेतों में नमी जहाँ ज्यादा होती है वहीं-वहीं कोहरे का घनत्व ज्यादा होता हे। यही बारिश का भी परिणाम होता है। **'जल ही जीवन है, बूँद-बूँद कीमती है'** सिर्फ ऐसे स्लोगन लिखकर ही मानव क्षतिपूर्ति नहीं कर सकता। उसके लिए मानव को प्रयास ही नहीं, प्रयासरत होना पड़ेगा। एक तरफ मनुष्य स्लोगन लिखकर अपना कर्तव्य निभा रहे हैं, दूसरी ओर शहरों और महानगरों की आधुनिकता की होड़ में जिस डाल पर बैठे हैं उसी डाल को काट रहे हैं। सबसे ज्यादा क्षति-विक्षति होती पुलों की महानगरी देश की राजधानी, आप जिस ओर देखेंगे, उधर पुल-ही- पुल। पुल के प्रत्येक स्तंभ के लिए वहाँ से कितना जल बहाया जाता है कितने ही स्रोत नष्ट हो जाते हैं। पृथ्वी के गर्भ में असंख्य स्रोत प्रतिपूरक हैं, इसलिए एक स्रोत का जल नष्ट होने से अनेक स्रोत नष्ट हो जाते हैं। अगर इसी तरह लगातार जल का दोहन चलता रहा तो पृथ्वी के गर्भ के अंदर का जल-स्तर खतरे से नीचे उतर जाएगा और पृथ्वी के अंदर कई प्रकार की मिट्टी की परतें हैं उनमें से एक रेत (बालू) की मोटी परत है अगर वह परत जल-विहीन हो गई तो रेत बिखर जाएगा और उस क्षेत्र की धरती (जमीन) दसियों फीट रसातल में धँसने का खतरा बना रहेगा। जल से पृथ्वी, पृथ्वी से अग्नि,

अग्नि से वायु, वायु से आकाश– ये पाँचों तत्त्व इसी तरह एक-दूसरे के प्रतिपूरक हैं और एक तत्त्व में कमी आने से पाँचों तत्त्व कमजोर होते हैं। और पाँच तत्त्व से बना यह मानव। जिस शरीर को प्राप्त करने के लिए देवता तरसते हैं। रामायण में कहा गया है –

बड़े भाग मानुष तन पावा।
सुर दुर्लभ सद्ग्रंथन गावा॥

ग्रंथों में मानव शरीर प्राप्त होना दुर्लभ बताया गया है। हमारे शरीर के पाँचों तत्त्व, प्रकृति के पाँचों तत्त्वों से प्रतिपूरित होते हैं। अगर मानव प्रकृति के तत्त्वों को नष्ट करता है तो उसके शारीरिक तत्त्व स्वतः ही बलहीन होने लगते हैं और अनेक बीमारियों से घिर जाता है और उसकी ये शरीर रूपी प्रयोगशाला, जिसमें मानव अपने आत्म-तत्त्व के द्वारा अपने पिंड से अनंत तक की खोज करने की क्षमता रखता है, परंतु उन पाँच तत्त्वों (पृथ्वी, जल, अग्नि, वायु, आकाश) के बलहीन होने के कारण मानव अपने आत्म-तत्त्व के स्पंदन को नहीं पकड़ पाता। और वह आध्यात्मिक तरंगों को प्रकट नहीं कर पाता वह महास्पंदन से वंचित रह जाता है, जिससे मानव अनंत तक व्याप्त उस महाशक्ति को नहीं जान पाता। मानव और प्रकृति का रिश्ता माँ-बेटे जैसा है, इसीलिए भारतीय संस्कृति में धरती को माँ की उपाधि दी जाती है। धरती ने अपने असंख्य संतानों में से मानव को सर्वश्रेष्ठ मानकर अनेक शक्तियों से युक्त किया। निर्माणकर्ता, पालनकर्ता, शोधकर्ता आदि शक्तियों से युक्त किया। और सृष्टि में एकमात्र मानव ही है, जिसकी बुद्धि विकासशील है। धरतीपुत्र मानव को समझना चाहिए कि उसकी माँ की इतनी बड़ी गोद, जिसमें मानव जन्म लेकर जब पहली बार अपने पैरों से खड़ा होकर चलता है तो उसके **माता-पिता** कितने खुश होते हैं, जिसका बखान किसी की लेखनी नहीं कर सकती। उनका वात्सल्य हृदय गद्गद होकर असीम आनंद को प्राप्त होता है।

इसी तरह धरती माँ अपने पुत्र के नन्हे-नन्हे पैरों से चलने के आनंद की अनुभूति करती है और आशा करती है कि ये मेरा पुत्र मेरी और मेरे संतानों की रक्षा करेगा, परंतु मानव ने ही धरती के अन्य संतानों को मारना शुरू कर दिया, अपने मनोरंजन के लिए अपनी उदर-पूर्ति के लिए। अन्य जीव तो एक-दूसरे के संहारक हैं ही, परंतु मानव ने अमानवता

की सारी हदें पार कर दीं। पृथ्वी माता को ऐसी आशा नहीं थी, अगर मानव उनकी वेदना को सुन सकता तो ये आवाज उसके कानों में जरूर गूँजती, कि मेरे प्रिय पुत्र मेरे आँचल में जितना प्यार था जितनी संपदा थी वह सबकी सब मैंने तुझ पर वार दी। तुझे नदियों की धाराएँ दीं, तूने उसमें विष घोल दिया। तुझे मैंने वन संपदा से युक्त पर्वत और औषधियाँ दीं जिसकी खोज में कितने ही ऋषियों ने प्राण गँवाए हैं, जिन औषधियों से वायुमंडल शुद्ध होकर मेरी सभी संतानों की रक्षा होती थी परंतु हे पुत्र! तूने उन हवाओं को भी विषैला कर दिया। तूने मेरे गर्भ को भी क्षत-विक्षत करके खोखला कर दिया। तेरे इस तरह के दोहन से कहीं मैं अपना आपा न खो बैठूँ। तू कितना निर्मोही हो गया है। तूने मुझे आपस में देशों के रूप में बाँट दिया, यहाँ तक कि वेदना मैंने सहन की पुत्र, क्योंकि तू सदियों से मेरी गोद में खेला-खाया, जब मेरे ऊपर गिरकर तेरे चोट लगती थी तो सबसे पहले मैं दुःखी होती थी। बाद में तेरी माँ मेरी ही मिट्‌टी को तेरे चोट में लगा देती थी। वहाँ पर मेरी मिट्‌टी ही तेरे लिए औषधि का काम करती थी, क्योंकि मैं तेरी धरती माँ हूँ, परंतु एक माँ ये कभी सहन नहीं कर सकती कि उसके पुत्र उसके टुकड़ों के लिए आपस में खून बहाए। एक-दूसरे के देश में बम गिराए। आखिर उसका दर्द मुझे ही सहना पड़ता है। जब मैं उन परमाणु बमों के बारे में सोचती हूँ, जिन्हें तूने एक-दूसरे के लिए सहेजकर रखा है, जब तुम एक-दूसरे के लिए प्रयोग करोगे पुत्र, तब कोई मेरी पीठ छलनी करेगा तो कोई मेरी छाती। दोनों तरफ से मेरे ऊपर ही वार होगा। धरती को तूने बाँटा है, पर मेरा तो शरीर एक ही है। जब ऐसा होगा तो इतनी गरमी बढ़ेगी कि मेरे ऊपर की सारी बर्फीली पहाड़ियाँ पिघल जाएँगी तो समुद्र तल बढ़ेगा। मेरे ऊपर हजारों फीट पानी छा जाएगा, चारों तरफ जल-ही-जल दिखाई देगा पुत्र। समय से पहले ही महाप्रलय आ जाएगी। तू इस धरती माँ से और क्या चाहता है, जो कुछ मेरा है वह सबकुछ तेरा ही है मेरे पास सबकुछ है तू अपनी खोज कर, तेरे अंदर सारा ब्रह्मांड समाया हुआ है। तू ध्रुव बनकर खोजकर, हिरण्याक्ष बनकर नहीं, दोनों ही रास्ते में उस परम शक्ति की अनुभूति है, परंतु ध्रुव से दयाल मिलेंगे, हिरण्याक्ष से काल मिलेंगे। तू ध्रुव बन पुत्र, ध्रुव।

अगर मानव प्रकृति की तरफ देखे तो प्रकृति की प्रत्येक रचना

मानव के लिए है, परंतु प्रकृति का दोहन करना मानव के लिए उतना ही ठीक है जितने दोहन के बाद प्रकृति स्वयं पूर्ति कर ले। प्रकृति से निर्मित मानव का शरीर भी एक प्रकृति का ही अंग है और उसमें समाहित जीव ईश्वर का अंश है। वही जीव अपनी प्रयोगशाला रूपी **मानव शरीर** में रहकर अपने अंशों में समाहित होने के लिए अपने श्वासों को सम करते हुए, पान-अपान के द्वारा प्राणों में रमण करते हुए, प्रणव अक्षर को प्रकट कर लेता है, साक्षात्कार कर लेता है। जीवन भर स्वयं को प्रणव अक्षर में रमाए रखना ही मानव की साधना कहलाती है। मानव की भक्ति कहलाती है। प्रकृति और मानव का संतुलन बना रहता है। जीवन में किसी भी क्षेत्र में आप देखिए कि संतुलन का बहुत महत्त्व है। भगवान् श्रीकृष्ण ने अगर पड़ोसियों के यहाँ दूध और मक्खन चुराया, गोपियों से प्रेम किया तो फिर युगपुरुष बनने के पीछे उनका संतुलन बनाए रखना भी बहुत अहमियत रखता है। प्रकृति में संतुलन है और मानव जीवन में भी अगर संतुलन बन जाए तो फिर सफलता -ही-सफलता है। जब जीवन में संतुलन बनता है तो खुशियाँ बरसती हैं। मानव को यही प्रेरणा लेनी चाहिए। हमारे देश में वर्ष में एक बार ऐसा उत्सव आता है, जब प्रकृति भी अपने संपूर्ण सौंदर्य के साथ प्रकट होती है। तब नए वर्ष का आगमन होता है। चैत्र प्रतिपदा को प्रकृति उत्सव मना रही होती है, नदियों का जल निर्मल हो गया है, पेड़ों पर पंछी गीत गा रहे हैं, ऐसा लगता है मानो धरती के रोम-रोम से फूल प्रकट हो गए हों, जब पहाड़ों से लेकर सागर तक सर्वत्र वातावरण में प्रफुल्लता दिखाई देती है, तब इनसान भी प्रकृति के साथ अपने नववर्ष का शुभारंभ करता है, उस समय मौसम भी प्रकृति के साथ अपने नववर्ष का शुभारंभ करता है। उस समय मौसम में संतुलन है; न सरदी है, न गरमी है।

इसी तरह जिस व्यक्ति के जीवन में संतुलन है उसी के जीवन में प्रसन्नता होती है। जिस व्यक्ति के चित्त में संतुलन नहीं है, जिसके मन और मस्तिष्क में संतुलन नहीं है वह व्यक्ति प्रसन्नता से युक्त नहीं हो सकता। प्रसन्नता तब आएगी जब आप छोटी सी उपलब्धि पर झूमने लग जाएँगे, गाने लग जाएँगे, गुनगुनाने लग जाएँगे। ऐसे लोगों के साथ बैठने से जिनका स्वभाव प्रसन्नता से युक्त है तो आपके अंदर भी प्रसन्नता आएगी। जिन लोगों का स्वभाव निंदा, चुगली करने का हो तो ऐसे

स्वभाववाले लोगों के बीच बैठने से आपके अंदर प्रसन्नता कभी नहीं आ सकती। हर स्थिति और परिस्थिति में अपने अंदर प्रसन्नता का संचार करते रहें, अपने अंदर प्रसन्नता की नदी को बहने दें, कभी उसके वेग को रोकने का प्रयास न करें। यदि आप ऐसा कर सकते हैं तो समझना आप तपस्वी हैं, परंतु इसके लिए अपने मन के साथ जोर-जबरदस्ती न करें। आपके मन में प्रसन्नता हो तो आप देवता लगते हैं, परंतु जैसे ही प्रसन्नता तिरोहित होती है, क्रोध का आगमन हुआ, हिंसा आई, बदला लेने की भावना आई तो समझ लेना कि आपके अंदर के देवता कहीं चले गए। प्रसन्नता की स्थिति में आपका चेहरा कितना अच्छा लगता है। यदि आप अपने चेहरे पर केवल प्रसन्नता को ले आएँ, जिससे आपका सौंदर्य बहुत बढ़ेगा, जिसको दुनिया का कोई भी ब्यूटी क्लीनिक झुठला नहीं सकता। प्रसन्नता में ही सुंदरता और शक्ति है। प्रसन्नता में ही आप अपने आप में स्थित हैं।

जो आदमी अंदर से संतुष्ट है, उसके चेहरे पर प्रसन्नता रहेगी और जो आदमी अंदर से असंतुष्ट है, व्याकुल है, बेचैन है, उसके चेहरे पर प्रसन्नता कभी नहीं आ सकती। जिसके पास संतुष्टि है, तृप्ति है वही व्यक्ति प्रसन्न है। किसी एक व्यक्ति को दुनिया की सारी धन-दौलत दे दें, सारी सुख-सुविधाएँ दे दें और सबकुछ देने के पश्चात् उससे पूछें – संतुष्ट हो तो वह व्यक्ति कहेगा कि थोड़ा और होता तो संतुष्ट हो जाता। व्यक्ति का मन कभी संतुष्ट नहीं होता और जब तक मन संतुष्ट नहीं होता, तब तक प्रसन्नता के फूल नहीं खिलते। सब्र आ जाए तो एक बूँद में आ जाए, यदि न आए तो सागर उँड़ेल देने के बाद भी नहीं आता। इसलिए प्रसन्नता आपके जीवन को उत्सवमय, आनंदमय, उल्लासमय बनाती है। यदि प्रभु की भक्ति की चरम सीमा तक पहुँचना है तो वहाँ पहुँचने की एक ही सीढ़ी है कि प्रसन्नतापूर्वक उसके द्वार तक जाओ। प्रसन्नता से ईश्वर को समर्पित होना चाहिए। सदैव प्रसन्न मुद्रा में रहना चाहिए, जिससे मानव अकर्म करने से बचता है और अधिकतर क्लेश और दुःखों से दूर रहता है। मुखमंडल पर अनुपम छटा छाई रहती है। समर्पण के बाद अपने प्रभु (इष्ट) से करुणात्मक भाव से विनती एवं क्षमा-याचना करनी चाहिए। अपने सारे अवगुणों को प्रभु के सामने प्रकट कर देनी चाहिए, जैसे किसी ने कहा–

"मो सम कौन कुटिल खल कामी।
भरि-भरि उदर, विषयन को धावै,
जैसे सूकर ग्रामी॥"

ऐसे ही मेरा मन बड़ा कुटिल है, बड़ा निर्दयी है, काम से सराबोर है। जितने भी विषय विकार हैं, उनकी तरफ मेरा मन बार-बार जाता है। जैसे पेट भरने के लिए गाँव का सूअर गंदगी की तलाश में घूमता रहता है। हे जगत् के स्वामी! मेरे सिवा मुझे आप ही जान सकते हैं कि मैं कितना बड़ा मूर्ख हूँ, मैं कितना कमजोर हूँ, जो इन पाँच काफिरों (काम, क्रोध, मद, लोभ, मोह) से परास्त हुआ-सा लगता हूँ, सोचता हूँ, मेरे जन्म का क्या उद्‌देश्य है। कभी-कभी मीरा के पद याद आते हैं—

"छुप-छुप मीरा रोए, दर्द न जाणै कोय।"

इसी तरह अपने स्वामी के सामने सारी व्यथा प्रकट कर देने से मन निर्मल हो जाता है, वाणी गद्‌गद हो जाती है, शरीर का रोयाँ-रोयाँ प्रफुल्लित हो जाता है। ऐसे समय में प्रभु की साधना में बैठना चाहिए, सुमिरन करना चाहिए। प्रभु का नाम प्रकट हो जाता है, **जो तू है, सो मैं हूँ** का भाव स्पष्ट हो जाता है। मेरा-तेरा का भाव समाप्त हो जाता है, महास्पंदन की झंकार से पूरा शरीर मयूर हो उठता है, ईश्वर और जीव का भेद समाप्त हो जाता है वह ईश्वरमय हो जाता है। ईश्वर तत्त्व से मिलकर जीव भी सर्वव्यापी हो सकता है। मानव अपने पिंड से अनंत तक जा सकता है। जिसकी कोई सीमा नहीं। जैसे नदी का जल सागर से मिलने से वह भी अथाह हो जाती है। आज विज्ञान यह कहता है कि मानव कुछ नहीं, पदार्थ है। इसके बाद और चिंतन करता है तो कहता है कि मैटर (Matter) के अंदर छुपी हुई एक शक्ति है। इसके पीछे एक कॉस्मिक एनर्जी है, जीवन का सत्य इसी शक्ति में छिपा है। यदि हम प्रयास करेंगे तो सफलता भी मिलेगी। जब हम कार्यशील रहेंगे, मन दृढ़ रहेगा, जब तक गतिशील रहेंगे, अंदर निर्मलता रहेगी, नदी की धारा की तरह निर्मल बने रहेंगे। उन्नति की गेंद या तो ऊपर को जाती है या फिर नीचे को आती है या आप उन्नति करेंगे या अवनति करेंगे। बीच में ठहरनेवाली बात तो है नहीं। यदि आप कर्म की प्रधानता पर अटल रहेंगे तो वह शक्ति हर जगह आपके साथ रहेगी। कर्म का सिद्धांत सभी के जीवन पर लागू है तथा इसका जाने में कुछ अनजाने में भी पालन हो रहा है। मानव

को तो ज्ञानयुक्त होकर कर्म करने का अवसर मिला है, जबकि अन्य योनियों की कर्म क्रिया स्वाभाविक रूप से चल रही है, बुद्धियुक्त कर्म को क्रिया का नाम दिया गया है तथा अनजाने में होनेवाले कर्मों को विक्रिया कहा गया है।

मानव बुद्धि के आधार पर विकास कर रहा है, जबकि शेष सभी जीव ज्यों-के-त्यों निर्वाह कर रहे हैं, माया के प्रभाव में सभी अपनी-अपनी जीविका में जुटे हुए हैं। पशु-पक्षी, कीट-पतंगे भूख-प्यास से तो प्रभावित होते ही हैं। अतः योजनाबद्ध तरीके से न सही, जैसे-तैसे करके अपना और अपने बच्चों का पेट पाल रहे हैं। सुख की इच्छा ही दुःख का मूल होता है। किसी भी वस्तु तत्त्व अथवा पदार्थ के प्रति आसक्ति ही हमारी इच्छा के जन्म का कारण बन जाती है। सत्य को जानकर तत्त्व दीर्घसुख का निमित्त बनता है। जो तत्त्व स्वयं सत्य नहीं है वह ऐसा सुख कैसे दे सकेगा। मूल्यवान वस्तुओं से मानव मूल्य अधिक महत्त्वपूर्ण है। नित्यता का गुण धारण करनेवाला पदार्थ ही शाश्वत सुख का कारण बन सकता है। सत्य एवं नित्य तत्त्व की पहचान के लिए विवेक चाहिए और विवेक भी पारमार्थिक हो, तार्किक विवेक न हो। एक में एक जोड़ने से एक ही रहे, दो न हो जाए। यानी जीव और ईश्वर का एकाकार होने से एक ही होता है। जैसे सागर का जल बादल बनकर बूँद-बूँद करके पृथ्वी पर बरसता है। और अंततः सागर में मिलकर एकाकार हो जाता है, उस बूँद और सागर में कोई भेद नहीं होता है। हम उस सागर रूपी परमात्मा से बिछुड़ी हुई असंख्य बूँद रूपी जीव हैं, जो स्वयं में भक्ति-वर्षा करके अपनी बूँद (आत्मा) को उस महासागर (परमात्मा) से जोड़ देना चाहिए, जो कभी अलग नहीं होती, स्वयं शांत हो जाता है। अगर आप बिना ज्ञान के प्रयास करेंगे तो आपकी भक्ति असफल हो सकती है। आपकी दृष्टि भी स्थूल बन जाएगी और जीव भेददर्शी बन जाएगा। विषमता फैल जाएगी तथा जीव सत्य से दूर चला जाएगा। स्वभावजन्य कर्म प्रवृत्ति प्रभावित करेगी, जिससे अविनाशी तत्त्व से जीव संबंध विच्छेद कर बैठेगा। हमें ज्ञान की प्राप्ति के द्वारा जानना होगा कि वह अविनाशी अपरिच्छिन्न एवं शाश्वत तत्त्व कौन सा है, जिसके प्रेम की जीव को निरंतर चाह होनी चाहिए। प्रेम भी ऐसा हो, जिसकी निकटता सर्वथा बनी रहे। अगर किसी सीधे-सादे, भोले-भाले जीव से पूछा जाए कि तुम्हारा अकाट्य प्रेम किसके

साथ है तो वह संभवतः भौतिकता से प्रभावित होकर अपने शरीर को ही परमात्मा की कृपा से प्राप्त होनेवाले शरीर को ही बताएगा। वह कह सकता है कि शरीर में जान है तो जहान है। आखिर शरीर क्या है – ये रोगों और विकारों से भरा है।

देश, काल, वस्तु के आधार पर देखा जाए तो मांस, मज्जा, अस्थि और रक्त का लोथड़ा मात्र है। जीभ से गुदा तक माटी है, गुदा से मूत्रेंद्रिय तक जल है, मूत्रेंद्रिय से नाभि तक अग्नि है, नाभि से हृदय तक वायु है और हृदय से कंठ तक आकाश है और आकाश के आगे मन दौड़ता है, मन की सोच अनंत है। परंतु सत्य का विचार बुद्धि के द्वारा होता है बुद्धि अनंत का विचार कर सकती है, उस सत्य को मान सकती है परंतु जान नहीं सकती।

इसके आगे प्राण कार्य करते हैं और उस अनंत को जान सकते हैं, परंतु प्राण भी अनंत की प्राप्ति नहीं कर सकते वह सुखद का अनुभव कर सकते हैं परमानंद का अनुभव कर सकते हैं। परंतु प्राणों के द्वारा उस परमेश्वर की प्राप्ति नहीं कर सकते। उस पर अंकुश लगा रहेगा जब प्राणों से भी आगे बढ़ेंगे, प्रणव के द्वारा यानी कि प्राणों के मंथन करने से उसमें व्याप्त प्राणपति (आत्म-तत्त्व) के साक्षात्कार से अनंत का रहस्य खुलता है। वह अपूर्णता से पूर्णता को प्राप्त होता है। अज्ञान की अवस्था में अपूर्णता स्वाभाविक है और पूर्णता एक उपलब्धि। ज्ञान या आत्म-ज्ञान की अवस्था में, अपूर्णता एक प्रयास है। जबकि पूर्णता एक विवशता या अनिवार्यता है। पूर्ण उत्तरदायित्व लेना पूर्णता है और पूर्ण उत्तरदायित्व का अर्थ है यह जानना कि संपूर्ण संसार में केवल आप ही उत्तरदायी व्यक्ति हैं। जब आप पूर्ण वैराग्य की स्थिति में हैं तो आप उसी पूर्णता के साथ तुच्छ और महत्त्वहीन चीजों की भी देख-रेख कर सकते हैं, पूर्णता ज्ञानी व्यक्ति का स्वभाव है। चेतना के विभिन्न स्तरों पर ज्ञान भी भिन्न होता है तो एक खास मनोवृत्ति होती है, जो हमेशा कमी खोजती है, अच्छी-से-अच्छी स्थितियों में भी। कुछ होते हैं ऐसे जीव, जो हर चीज में कोई-न-कोई कमी को ही देखते हैं। इस तरह की मनोवृत्ति के लोग पवित्र ज्ञान को नहीं जान सकते।

हे मानव! उस पवित्र ज्ञान को तू जान, उस ब्रह्म में तू रमण कर, जिससे यह विविध सृष्टि प्रकाशित हुई है। जो धारण और प्रलय करता

है, जो इस जगत् का स्वामी, जिस व्यापक में यह सब जगत् उत्पत्ति, स्थिति, प्रलय (ब्रह्मा, विष्णु, महेश) को प्राप्त होता है। इन तीनों का कारण पूर्ण परमात्मा है, उसको तू जान और दूसरे को तू सृष्टिकर्ता मत मान। यह सब जगह सृष्टि के पहले अंधकार से आवृत्त रात्रि रूप में जानने के अयोग्य, आकाश रूप सब जगत् तथा तुच्छ अर्थात् अनंत परमेश्वर के सम्मुख एकदेशी आच्छादित (Covered) था, पश्चात् परमेश्वर ने अपने सामर्थ्य से कारण रूप से कार्य रूप कर दिया।

हे मानव! जो सब सूर्यादि तेजस्वी पदार्थों का आधार और जो यह जगत् हुआ है और होगा, उसका अद्वितीय पति परमात्मा इस जगत् की उत्पत्ति के पूर्व विद्यमान (Present) था और जिसने पृथ्वी से लेकर सूर्य-पर्यंत जगत् को उत्पन्न किया है, उस परमात्मा की प्रेम से भक्ति किया करे। हे मानव! जो सबमें पूर्ण पुरुष और जो नाशरहित कारण और जीव का स्वामी, जो पृथिव्यादि जड़ और जीव से अतिरिक्त है, वही पुरुष इस सब भूत, भविष्यत् और वर्तमानस्थ जगत् को बनानेवाला है, जिस परमात्मा की रचना से ये सब पृथिव्यादि भूत उत्पन्न होते हैं, जिससे जीते और जिसमें प्रलय को प्राप्त होते हैं, उसको जानने की इच्छा करो जिससे इस जगत् का जन्म, स्थिति, प्रलय का कारण होता है वही ब्रह्म जानने योग्य है। सत्य रूपी ज्ञान में अपनी बुद्धि को स्थिर करने से ध्येय की प्राप्ति होती है। वह सत्य रूपी ज्ञान यह है कि आप मात्र जीव नहीं हैं, बल्कि स्वयं परब्रह्म के अंश हैं। इंद्रिय-निग्रह, विषय-त्याग, भक्ति और सात्विक गुणों को अपनाने से मन शुद्ध होता है। गुणों से मुक्त होकर यानी सतोगुण, रजोगुण और तमोगुण से परे होकर, परब्रह्म परमेश्वर के अनंत प्रकाश से मद उद्भासित हो उठता है। जब मन इंद्रियों की आसक्ति से, बुद्धि अहंकार की भावना से और अहंकार अपने तीनों गुणों से मुक्त हो जाता है तब शुद्ध आत्मा का प्रकाश ही बचता है। शुद्ध आत्मा में ही स्थिर बुद्धि रखना मुक्ति (मोक्ष) है। ज्ञानियों के लिए यही शांति है। परमेश्वर अपना कार्य आपके माध्यम से करता है, यह जानकर सदैव कर्म में जुटे रहिए। पर साथ-साथ आप अपने व्यक्तिगत कर्तव्यों का निर्वाह और पालन भी करते हैं। इस प्रकार जीवन-यापन करना ईश्वर के हाथों में चैतन्य निमित्त मात्र बनकर रहने के समान है। भोजन आदि की व्यवस्था अपने शारीरिक पोषण के लिए है। परंतु शरीर भोजन की व्यवस्था

के लिए नहीं है। कहते हैं—

खाना पीना जीने नू, नहि जीना खाने-पीने नू,
लाख लानत उस कमीने नू, खांदा-पींदा मर जांदा।

ये संतों की वाणी है कि मानव का जन्म अपनी उदरपूर्ति के लिए नहीं हुआ है। मानव दस इंद्रियों से युक्त है, जो सांसारिक आनंद प्राप्त करने का माध्यम हुआ करती है। आप एक इंद्रिय का दमन करते हैं, तो दूसरी इंद्रिय अपना सिर उठा लेती है। इसी तरह आप अपनी इंद्रियों की पूर्ति के लिए पूरा जीवन खपा देते हैं और अंत में कोई-न-कोई कामना लेकर अपना मानव शरीर छोड़ते हैं। तो वहीं कामना आत्मसात् करते हुए अगला जन्म निर्धारित होता है। इसी तरह जीव भोग योनियों को भोगता है और जीवन-मरण के चक्कर में फिर उलझ (फँस) जाता है। मानव को अपनी दसों इंद्रियों का दमन एक ही वार से करना चाहिए। इसका एक ही अस्त्र है **ब्रह्मास्त्र**, यानी परब्रह्म परमेश्वर को जानकर अध्यात्म दीक्षा के द्वारा।

जो ब्रह्म है सो मैं हूँ, अर्थात् मैं ही परब्रह्म हूँ। मैं सत्य का अंश हूँ। उस परम सत्य के प्रति निष्ठा रखने से ही **'सोऽहम्'** मंत्र में निहित सत्य का अनुभव होगा। प्रत्यक्ष अनुभव से प्राप्त यही मेरा दृढ़ मत है। मानव मायाजाल से मुक्त होकर शरीर और संसार दोनों से ऊपर उठकर स्वयमेव आत्मा का रूप धारण कर लेता है। वह सबके साथ रहता हुआ और सारे कार्य करता हुआ सबसे ऊपर रहता है और सबका आदरणीय हो जाता है। और इस प्रकार समस्त ब्रह्मांड में अपनी गति बना लेता है। 'सोऽहं' का यही निरूपण है। आत्मा के उज्ज्वल मौन ही में 'सोऽहं' के महानतम मंत्र का आंतरिक उद्घोष होता है। और वही उद्घोष कोटि-कोटि ब्रह्मांडों में हो रहा है। ब्रह्मांड व्यक्त है और आत्मा अव्यक्त और दोनों ही परमपिता परमेश्वर का स्वरूप हैं।

यहाँ-वहाँ कहीं भी परमात्मा से भिन्न कुछ नहीं है। इस सत्य का ज्ञान तब होता है जब मानव को दिव्य दृष्टि प्राप्त होती है। ब्रह्म की दृष्टि से ब्रह्मांड केवल माया है। परब्रह्म परमात्मा में, जगत् की माया का कोई तत्त्व नहीं है, परंतु ईश्वर के दृष्टिकोण से व्यक्त ब्रह्मांड केवल परमेश्वर के खेल का स्थान है। आप अपने इन चर्म-चक्षुओं से परमात्मा की माया ही देख सकते हैं। परमात्मा की माया का रहस्य माया में रहकर

नहीं जान सकते, करोड़ों जन्मों के उपरांत भी नहीं। जब तक आप उस परमात्मा को नहीं जानेंगे, तब तक उस माया का रहस्य नहीं जान सकते। और जब तक आप उस माया के फरफंद में फँसे रहेंगे। संत-महात्मा समझाते हैं कि सच्ची निष्कामता प्राप्त करने के लिए आत्मा को मन के बंधन से मुक्त करना आवश्यक है। संत साधक को भजन-सुमिरन की युक्ति समझाते हैं, जिससे वह मन और आत्मा को आँखों के पीछे और मध्य एकाग्र और स्थिर करके शब्द में लीन कर देता है। मन का उदय स्थान दूसरा रूहानी मंडल त्रिकुटी है और जीव के सब कर्मों का भंडार इसी मंडल में है। जब साधक ध्यान के द्वारा हृदयाकाश को पार कर जाता है तो साधक के सब कर्मों का नाश हो जाता है। हर तरह के कर्मों से मुक्ति मिल जाती है और सारे कर्म-अकर्म से मुक्त आत्मा तीसरे रूहानी मंडल में पहुँच जाती है। वहाँ पर मन, बुद्धि से परे ई+स्वर यानी प्रभु के नाम का शब्द प्रकट होता है जिसे कहते हैं **नानक नाम जहाज**। वही नाम रूपी जहाज प्रकट होता है। यही ज्ञान का आत्मानुभव परमानंद है। इसलिए जो मानव 'सोऽहं' को व्यावहारिकता से जानता है, वही आनंद की सच्ची अनुभूति कर सकता है और वह आनंद ही परम सत्य है। जब मानव इस स्थिति में पहुँच जाता है तो वह न जाग्रत् अवस्था में होता है और न स्वप्न अवस्था में। वह तुरीयावस्था में होता है, यानी उसे अपने लक्ष्य का भी ज्ञान होता है। और वह उस आनंद को भी प्राप्त हो रहा होता है। साधक ध्यानयोग में हृदयाकाश में प्रवेश करके कोटि-कोटि ब्रह्मांडों में एक साथ अपनी पहुँच बना सकता है। सबका दृश्यीय विवरण जान सकता है। वह सर्वव्यापी सत्ता में मिल जाता है। उसका अपना कोई अस्तित्व नहीं होता, जैसे चीनी को एक बालटी में घोल दिया जाए तो चीनी पूरी बालटी में व्यापकता को प्राप्त होती है, इसी तरह साधक ईश्वरत्व को प्राप्त होता है।

यह पूरा जगत् एक ही शक्ति के अधीन है। वही उसका कर्ता-धर्ता है और सबमें व्याप्त है और उसमें तीन गुण हैं—सतोगुण, रजोगुण, तमोगुण। क्रमशः जन्मना, स्थिरता और नष्ट होना और ये परिवर्तन (कर्म) निरंतर चलता रहता है। परंतु विज्ञान अभी तक ईश्वर की सत्ता को नहीं स्वीकारता, क्योंकि ईश्वर को अपने शरीर रूपी प्रयोगशाला में साक्षात्कार कर सकते हैं, पत्थरों के कमरों में नहीं। भौतिकवादियों का कहना है कि सृष्टि की

अंतिम सत्ता न आत्मा है, न परमात्मा। यह सत्ता विद्युत् की तीन तरंगों इलेक्ट्रॉन, प्रोट्रॉन और न्यूट्रॉन का अविरण प्रवाह है। विज्ञान सृष्टि के विनाश की बात को स्वीकारता है। यदि विनाश होता है तो निर्माण होता है। जिस तरह जन्मना और मरना होता है। इस क्रिया को सभी स्वीकारते हैं। भौतिकी के अनुसार कोई गति बिना गति देनेवाले के नहीं हो सकती यदि गति देनेवाला न हो तो शुरू में ही तरंगों का प्रवाह कैसे प्रवाहित होगा और विच्छेद के हो जाने पर पुनः कैसे किसी अन्य शक्ति के बिना गतिमान होगा। वह गति देनेवाली शक्ति ईश्वर के अलावा और क्या हो सकती है। सृष्टिकाल में जब प्रकृति के परमाणुओं की शक्ति का ह्रास होता जाता है तो अंत में सारी सृष्टि ही नष्ट हो जाएगी, केवल आकाश में अंधकार व परमाणु भरे रहेंगे।

जिस प्रकार मनुष्य परिश्रम के उपरांत विश्राम करने से पुनः शक्ति को प्राप्त करता है उसी प्रकार प्रलय में परमाणु शक्ति प्राप्त करके सृष्टि रचना के योग्य हो जाते हैं। वेद भी इसी धारणा को मान्यता देते हुए कहते हैं कि सृष्टि-रचना के पूर्व न अभाव था, न ही भाव था, न आकाश था। सबकुछ अंधकारमय हो जाता है। फिर सृष्टि रचना के आरंभ में परमाणु परस्पर मिल जाते हैं। इससे कुछ स्थान रिक्त हो जाते हैं, उसी को शून्य क्षेत्रज्ञ कहा जाता है। परमाणु में गति होने से वायु, अग्नि आदि क्रिया-प्रतिक्रिया द्वारा उत्पन्न होते हैं और फिर सृष्टि की रचना आरंभ हो जाती है। वेदों के चिंतन के अनुसार सबसे पहले हिरण्यगर्भ से सत्व, रजस, तमस से युक्त साठ परमाणुओं के मिलने से एक अणु और दो अणुओं के मिलने से द्वियणुक और तीन द्वियणुक मिलने से त्रिसरेणु का निर्माण होता है और इस प्रकार सृष्टि बनी।

विज्ञान और वेद की भाषा अलग-अलग हैं, परंतु विचार मूलतः एक ही है। परमात्मा ने सूर्य, चंद्रमा, द्यौ (पृथ्वी), अंतरिक्ष पूर्व सृष्टि जैसे ही बनाए हैं। जिस तरह से इस सृष्टि का निर्माण होता है उसी पूर्णतया से मानव का निर्माण हुआ। और जब मानव की उदर नाभिक की परिक्रमा करते इलेक्ट्रॉन के प्रवाह की गति रुक जाती है तो परमाणुओं की शक्ति ह्रास होती तो मनुष्य की जीवन लीला समाप्त हो जाती है। अगर मनुष्य साधक रत है तो उसकी आदि+तम यानी आ तम (आत्म) शक्ति परम+आत्म (परमात्मा) में व्याप्त हो जाती है। वह जन्म-मृत्यु के घेरे से पार हो जाती

है। अधिकतर लोग ज्ञान-विज्ञान को अलग-अलग मान्यता देते हैं। परंतु ऐसा नहीं है, ज्ञान यानी जानना, विज्ञान यानी विशेष ज्ञान को जानना। संतों की भाषा में विधि (ब्रह्म) के ज्ञान को विज्ञान कह सकते हैं, जैसे **वाल्मीकि विज्ञान विशारद।**

वेद-शास्त्रों के अनुसार, जिसको जानने से सबको जान सकते हैं वही विज्ञान है। वेद के अनुसार जो वृहद् होता रहता है वही ब्रह्म है। इस तरह हम कह सकते हैं कि ब्रह्म को जानने के बाद बाकी कुछ जानने की जरूरत नहीं है। लेकिन ब्रह्म को जानने से पहले स्वयं को जानना जरूरी है और स्वयं को जानने के लिए उन तत्त्वों को जानना जरूरी है जो खुद को जानने में सहायता करते हैं। यानी ब्रह्म को जानने के लिए सीढ़ी-दर-सीढ़ी ऊर्ध्वगामी होना पड़ेगा। पुरुषार्थ सबका आधार है। बिना पुरुषार्थ के न स्वयं को जाना जा सकता है और न ब्रह्म को ही। वेद में कहा गया है कि आत्म-तत्त्व और ब्रह्म-तत्त्व को पूर्णतया जानने के लिए विद्यावान होना जरूरी है। पुरुषार्थ के द्वारा विद्या प्राप्त करने के चार उपाय हैं। इनमें आगमकाल, प्रवचनकाल, स्वाध्यायकाल और व्यवहारकाल। आगमकाल में गुरु से ध्यानपूर्वक विद्या सीखी जाती है। प्रवचनकाल में सीखी विद्या को बिना किसी स्वार्थ के दूसरे को बाँटें। स्वाध्यायकाल में सीखी हुई विद्या पर अच्छी तरह चिंतन-मनन करें। और व्यवहार का अभिप्राय यह है कि सीखी हुई विद्या को अपने आचरण में उतारें। सनातन परंपरा में विद्या-प्राप्ति के लिए चार शैलियाँ अपनाई जाती हैं। ये हैं– शरण, मनन, निदिध्यासन और साक्षात्कार। ये चारों उपाय मनुष्य को विद्यावान् बनाकर आत्म और ब्रह्म-प्राप्ति में अधिक सहायता मिलती है। यही तप है, यही साधना है यही कर्मों की कुशलता है। आत्मा को कर्म की काई ढके रहती है, साधना के माध्यम से इस काई की परत को दूर किया जा सकता है। आत्म की साधना आत्म-विस्मृति से विमुक्त होने की साधना है। जैसे काई से ढके सुललित-सलिल का साक्षात्कार काई को हटाकर ही किया जा सकता है। उसी प्रकार आत्मा के चहुँओर जकड़े जाल को हटाकर ही आत्म-दर्शन किया जा सकता है। जैसे सूर्य सर्वदा प्रकाशवान् है, किंतु नेत्र ग्रसित व्यक्ति को सूर्य के प्रकाश का आभास नहीं हो पाता और नेत्रों के स्वस्थ होने पर सूर्य प्रकाश के दर्शन हो जाते हैं। ठीक उसी प्रकार तर्क की कसौटी पर कसे जाने पर सत्य समझ में आता है और भ्रम की काई

तितर-बितर होकर समाप्त हो जाती है। जब तक चित्त विकारों से पूरित रहेगा और खाली नहीं होगा, तब तक परमात्मा की कृपा के प्रवेश हेतु रिक्त स्थान कैसे मिलेगा। निर्मल हृदय में प्रभु-कृपा का समुद्र लहराता है, जीव सुप्तावस्था की खुमारी में अर्ध चेतनावस्था में है। अतः चक्षु बंद हैं। भीतर के नेत्रों को खोलो, ध्यान करो, मनन करो, विकारों के कोहरे को छाँटो, आत्मभाव में प्रतिष्ठित हो, स्वयं से साक्षात्कार हो जाएगा।

संत शिरोमणि तुलसीदासजी कहते हैं—

जो अगिनि कर प्रगट तब, कर्म सुझा सुभलाई।
बुद्धि सिरावे ज्ञानघृत, ममतामूल जरि जाई॥

जिस क्षण विवेक जाग्रत् होगा, वहीं आत्मबोध होगा और आत्मदर्शन भी। जब हममें आत्मबोध जाग्रत् होगा, तब इस नश्वर जगत् से हमारा मोह समाप्त हो जाएगा और हम परमात्मा के निकट होंगे, जिनकी प्राप्ति के लिए अनंत जन्मों की साधना की आवश्यकता पड़ती है। वेद में ब्रह्म को सत्, चित् और आनंद का रूप माना गया है। जीवन में सत्, चित् होता है। आनंद पाने के लिए विज्ञान का सहारा लेता है। कठोपनिषद् के ऋषि ने रूपक के माध्यम से शरीर आत्मा और मन को बहुत अच्छे ढंग से समझा दिया है।

आत्मानं रथिनं बुद्धि शरीरं रथमेव तु।
बुद्धिन्तु सारथिं बिद्धि मनः प्रगहमेव च।
इन्द्रियाणि हयानाहुर्विषयांस्तेषु गोचरान्।
आत्मेन्द्रिय मनोयुक्तं भोक्तेनत्याहुर्मनीषिणः।

हे मानव! तू आत्मा को रथी और शरीर को रथ जान। बुद्धि को सारथि, मन को लगाम समझ और इंद्रियों को घोड़े मान। इंद्रियों को शब्द स्पर्श का विषय यानी उनके पथ मान। इस तरह जो सात्त्विक बुद्धि रखता हुआ परमात्मा का चिंतन करता है, वह ब्रह्म का प्रिय बनकर शरीरांत के बाद परमानंद अनंत काल तक विचरण करता है। ब्रह्म विज्ञान को समझनेवाला उस सत्य को समझ लेता है, जिसके लिए ऋषि-मुनि आत्मशोध करते रहते हैं और इस अनंत ज्ञान के द्वारा मानव अपने पिंड में ही अनंत खोजें कर लेता है और उसकी वाणी अमृतमयी हो जाती है। अथर्ववेद में कहा गया है कि मैं अमृतवाणी बोलूँ, मेरी जिह्वा के अग्रभाग में माधुर्य हो, जिह्वा के मूल भाग में माधुर्य का स्रोत हो। मेरे कर्म, बुद्धि,

विचार और चित्त मधुसिक्त हों। यह ऋषि द्वारा माधुर्य प्राप्ति के लिए ईश्वर से की गई प्रार्थना है। माधुर्य ही इस सृष्टि में आनंद लोक के निर्माण में उत्प्रेरक का कार्य कर सकता है। वास्तव में आनंद का उद्गम स्थल तो हमारा हृदय ही है। और हृदय में ही उस परम सत्ता का अनुभवी वास होता है, आनंद का उद्रेक हमारे आंतरिक प्रदेश से होता है। परंतु जीवन की मधुरिता सुख से आगे की स्थिति है। सुख की सीमाएँ हैं, परंतु आनंद की कोई सीमा नहीं है। आनंद अपार होता है। प्रेम, सहानुभूति, दया, करुणा, सौहार्द और सहिष्णुता आनंद को बढ़ानेवाली प्रवृत्तियाँ हैं। इसी प्रकार ईर्ष्या, द्वेष, घृणा और इनसे उत्पन्न होनेवाली उत्तेजना, आवेश, क्रोध हमारे अंदर के आनंद को ढक देते हैं। वास्तव में आनंद जीवन के प्रति हमारे दृष्टिकोण पर निर्भर रहता है। ईर्ष्या के दो स्वरूप माने गए हैं। यदि ईर्ष्या स्वस्थ प्रतिद्वंद्विता को जन्म देती है और मानव के उत्थान में सहायक होती है तो उसे ईर्ष्या का सकारात्मक स्वरूप कहा जाएगा, परंतु यदि ईर्ष्या दूसरे को उन्नति से हमारे भीतर द्वेष उत्पन्न करती है तो यह ईर्ष्या का नकारात्मक स्वरूप कहा जाएगा। द्वेष दूसरे को हानि ही नहीं पहुँचाता, बल्कि स्वयं के आनंद को भी दग्ध करता है। दूसरे को हानि पहुँचाने पर स्वयं भी मलिनता से ग्रस्त रहता है। मानसिक चेतना के स्तर पर मानव प्रपंच के भ्रम में उलझा रहता है। ईर्ष्या, द्वेष से यह मन खंडित पदार्थों के विश्लेषण और संश्लेषण का यंत्र बनकर रह जाता है, न कि सत्यज्ञान का उपकरण। वह सत्य के आवरण से टकराकर वापस लौट आता है और इस आवरण के पीछे छिपे सत्य का उसे आभास तक नहीं होता।

साधना के द्वारा इस मन को दिव्य बनाना होता है, तभी दिव्य अतिमन के प्रकाश में परिपूर्ण अद्वैत का साक्षात्कार होता है। मन से अधिमन और अधिमन से अतिमन तक पहुँचने के लिए अध्यात्म का सहारा लेना पड़ता है। तभी परमात्मा का मिलन होता है। मन प्रपंच का स्तर है, जहाँ वैविध्य से बोझिल अद्वय सत्ता अपारदर्शी बनी रहती है। इस स्तर पर मनुष्य निम्न माया के वशीभूत होता है और वासनात्मक जीवन जीने के लिए विवश होता है। अधिमन विविधता में एकता का स्तर है, जहाँ ब्रह्मांड एक सुंदर माला के रूप में अनुभूत होने लगता है, जहाँ अद्वय सत्ता पारदर्शी हो जाती है और भगवान् सभी घटकों में वैसे ही दिखाई

देने लगते हैं जैसे विविध फूलों के बीच में धागा। यह दिव्य माया या विद्या माया का खेल है। मानव को अतिमन के दिव्य प्रकाश में पहुँचना ही मूल मंतव्य है। यहाँ परिपूर्ण अद्वय तत्त्व के रूप में परमात्मा का मिलन होता है, जिससे भिन्न जगत् में कुछ भी नहीं है। इस स्तर पर पहुँचने से भगवान् भक्त को स्वयं अपने गले लगा लेते हैं और उसकी उत्कट अभीप्सा से द्रवित होकर संपूर्ण ईश-कृपा उसके हृदय में उड़ेल देता है। यह समग्र एकता के बोध का अंतिम पड़ाव है। सिद्ध योगियों के लिए यह स्वतः सिद्ध धाम है। जहाँ तनाव मुक्त सक्रिय विश्राम-ही-विश्राम है। पिंड से अनंत तक पहुँचने का एकमात्र साधन है। जो मनुष्य उस परम परमात्मा की सृष्टि में ही उपभोग्य में रत रहता है और सृष्टिकर्ता को भूल जाता है काम, क्रोध, मद, लोभ, मोह के फरफंद में फँस जाता है। उसकी भावनाएँ कलुषित हो जाती हैं। दुर्भावनाएँ ईर्ष्या और द्वेष की पूरक हैं और हमारे भीतर आवेश व क्रोध का संचार करती हैं। चिकित्सकों का मानना है कि यदि मनुष्य लगातार पाँच घंटे क्रोध में भरा रहे तो उसका लगभग आठ औंस रक्त जल जाता है। शोध से यह भी प्रमाणित है कि ईर्ष्या, द्वेष और प्रतिहिंसा की जलन के कारण तपेदिक, दमा और बहरापन जैसी व्याधियाँ उत्पन्न होने की संभावना बढ़ जाती है। अथर्ववेद में स्पष्ट रूप से कहा गया है कि ईर्ष्यालु का अंतःकरण मृतप्राय हो जाता है।

आवेश और उत्तेजना व्यक्ति के अंतस को अनुभूतियों से रिक्त कर देती है और वह व्यक्ति क्रोध व प्रतिरोध को ही जीवन का ध्येय बना लेता है। व्यक्ति को कितना तटस्थ रहना चाहिए, इसका उल्लेख भागवत में मिलता है, जहाँ श्रीकृष्ण उद्धवजी से कहते हैं—

परस्वभावकर्माणि न प्रशंसेन्नगर्हयेत्।

अर्थात् दूसरे के स्वभाव और कर्म की प्रशंसा या निंदा भी नहीं करनी चाहिए, यही व्यक्ति के लिए श्रेयस्कर है। ईर्ष्या और द्वेष की परिणति अंततः घृणा को भी दो वर्गों में बाँटा जा सकता है। जो घृणा हमें बुराई से बचाती है, बुराई को त्यागने के लिए प्रेरित करती है और बुरी वस्तुओं से विरत करती है। ऐसी घृणा व्यक्ति, परिवार और समाज के लिए शुभ है। परंतु द्वेष के कारण किसी व्यक्ति के भीतर उपजनेवाली घृणा कालांतर में उसी व्यक्ति की शत्रु हो जाती है। यहाँ तक भाव- कुप्रभाव आ जाने पर भी उस कुभाव या यथार्थ जानने की कोशिश करनी चाहिए और

किसी भी शक्ति, साधक या महापुरुष को अपने से छोटा आँककर नहीं सोचना चाहिए, उसी को घमंड कहते हैं। व्यक्ति को कब, कहाँ किस तरह घमंड (अहंकार) हो जाए, स्वयं को आभास तक नहीं होता। ठीक इसी तरह की माया से पक्षीराज गरुड़जी मोहित हो जाते हैं।

संत शिरोमणि श्री तुलसीदास रामचरितमानस में लिखते हैं– जब मर्यादा पुरुषोत्तम श्रीरामचंद्रजी ने ऐसी रणलीला दिखाई कि स्वयं को मेघनाद के द्वारा नागपाश में बँध गए – तब नारद मुनि ने गरुड़ को भेजा। सर्पो का भक्षण करनेवाले पक्षीराज गरुड़ ने जब अपने स्वामी के अंशावतार प्रभु राम को इस हालत में देखा तो उनके हृदय में बड़ा भारी विषाद उत्पन्न हुआ। श्रीराम को बंधन-मुक्त करने के पश्चात् गरुड़जी बहुत प्रकार से विचार करने लगे। जो व्यापक विकार-रहित वाणी के प्रति और माया-मोह से परे ब्रह्म परमेश्वर हैं, मैंने सुना था कि जगत् में उन्हीं का अवतार है। परंतु मैंने उनका प्रभाव कुछ भी नहीं देखा। जिनका नाम जपकर मनुष्य संसार के बंधन से छूट जाते हैं, उन्हीं राम को एक तुच्छ राक्षस ने नागपाश से बाँध लिया। गरुड़जी ने अनेक प्रकार से स्वयं को समझाया, परंतु मन की लगाम उनके हाथों से छूट चुकी थी। उनके मन में उन युगपुरुष के प्रति भ्रम और अधिक आ गया और उनका मन संदेह-ग्रस्त हो गया। मन में तर्क-कुतर्क बढ़ाकर वे प्रभु की माया के वशीभूत हो गए। उनके अंतःकरण में व्याकुलता बढ़ गई और वे देवर्षि नारद के पास आए और श्रीराम के प्रति जो उनका संदेह था, उसे उनसे कहा, जिसे सुनकर नारदजी को अत्यंत दया आई।

नारदजी ने कहा– हे पक्षीराज! सुनिए, प्रभु श्रीराम की माया बड़ी बलवान है, जिन्हें बड़े-बड़े ज्ञानी, मुनि, विद्वानों के भी चित्त मोहवश हो जाते हैं। उनकी (श्रीराम) माया त्रिदेवों को भी भ्रमित कर देती है तथा जिसने मुझे भी बहुत बार नचाया है। सो हे पक्षीराज, वही माया आपको भी व्याप गई है। आपके हृदय में बड़ा भारी मोह उत्पन्न हो गया है। आपका मन अहंकारित हो गया है। जिसकी भनक स्वयं को भी नहीं होती है। अतः हे गरुड़जी! आप ब्रह्माजी के पास जाएँ और अपनी सारी समस्या का समाधान उन्हीं से करें।

तब पक्षीराज गरुड़ ब्रह्माजी के पास गए और राम के प्रति अपना संदेह कह सुनाया। उसे सुनकर ब्रह्माजी ने श्री रामचंद्रजी को मन-ही-मन

प्रणाम किया और मन में विचार किया कि कवि, कोविद और ज्ञानी सभी माया के वश हैं। भगवान् की माया का प्रभाव असीम है। मुझ तक को अनेक बार नचाया है। यह सारा चराचर जगत् तो मेरा रचाया हुआ है, तब भी मैं प्रभु की मायावश हो जाता हूँ, तो पक्षीराज गरुड़ को मोह होना कोई आश्चर्य की बात नहीं है। तब ब्रह्माजी सुंदर वाणी में बोले– हे पक्षीराज गरुड़! मुझसे अधिक श्रीराम की महिमा को महादेवजी जानते हैं, अतः तुम उनके पास जाओ। तुम्हारे संदेह का नाश वहीं होगा।

ब्रह्माजी के वचन सुनकर गरुड़जी चल दिए। और वे शंकर भगवान् से रास्ते में ही मिल गए, क्योंकि उस समय भगवान् शंकरजी कुबेर के घर जा रहे थे। बीच मार्ग में उन्हें रोककर गरुड़जी अपनी व्यथा सुनाने लगे। शिवजी गरुड़जी की कोमल वाणी सुनकर और माया में फँसा जानकर वे बोले– हे गरुड़! तुम मुझे रास्ते में मिले हो, यहाँ पर मैं तुम्हें कैसे समझाऊँ, आपका प्रभु के प्रति इस संदेह का भ्रम तभी हटेगा जब दीर्घकाल तक सत्संग किया जाए। जहाँ प्रतिदिन हरिकथा होती है, तुमको मैं वहीं भेजता हूँ। कथा के श्रवण मात्र से ही आपका भ्रम (संदेह) दूर हो जाएगा। बिना प्रभु प्रेम के केवल योग, तप, ज्ञान और वैराग्यादि के करने से ईश्वर नहीं मिलते। अतः हे गरुड़ उत्तर दिशा में एक सुंदर नील पर्वत है। वहाँ परम सुशील काकभुशुंडिजी रहते हैं। आप उनके आश्रम में जाइए।

"उत्तर दिसि सुंदर गिरि नीला।
तहँ रह काकभुसुंडि सुसीला॥"

शंकर भगवान् ने पक्षीराज गरुड़ को नीलगिरि पर्वत पर भेज दिया और समझा भी दिया कि आश्रम के नियमानुसार उनसे भेंट करना और विनयपूर्वक उनसे ज्ञान व भक्ति की दीक्षा लेना। शंकर भगवान् ने सोचा कि गरुड़ को अहंकार हो गया है, जिसको प्रभु कृपानिधान (श्रीरामजी) नष्ट करना चाहते हैं। यह समझकर शंकरजी ने उसको अपने पास नहीं रखा और उसे काकभुशुंडि के पास भेज दिया। प्रथम कारण यह है कि पक्षी की भाषा पक्षी ही जानता है–

"समुझइ खग खगही कै भाषा।"

और दूसरा कारण, पक्षियों के राजा गरुड़ जब उस तपोभूमि के समान पवित्र भूमि पर बने उस आश्रम में जाएँगे तो उनका आधा भ्रम ऐसे ही समाप्त हो जाएगा। जब पक्षियों का एक राजा पक्षियों में नीच

कौए के चरणों में अपना मस्तक नवाएगा तो उसका सारा अहंकार यूँ ही नष्ट हो जाएगा और ऊँच-नीच का भेद समाप्त हो जाएगा। शंकर भगवान् उमाजी से कहते हैं– हे भवानी! प्रभु की माया बलवती है। ऐसा कौन ज्ञानी है, जिसे वह मोह न ले। जो ज्ञानियों व भक्तों में शिरोमणि है एवं त्रिभुवनपति भगवान् के वाहन हैं, उन गरुड़जी को भी माया ने मोह लिया फिर भी नीच मनुष्य मूर्खतावश घमंड किया करते हैं। यह माया मुझे और ब्रह्मा को भी नहीं छोड़ती, तब दूसरा बेचारा क्या चीज है। जब गरुड़जी वहाँ गए जहाँ पूर्ण भक्तिवाले काकभुशुंडिजी रहते हैं। उस पर्वत को देखकर उनका मन प्रसन्न हो गया। वे उस वटवृक्ष के नीचे गए जहाँ भगवान् श्रीराम के सुंदर चरित्र को सुनने के लिए बूढ़े-बूढ़े पक्षी आए हुए थे। कथा आरंभ होने ही वाली थी, उसी समय पक्षीराज गरुड़जी वहाँ जा पहुँचे तो पक्षियों के राजा गरुड़जी को आते देखकर काकभुशुंडि सहित सारा पक्षी समाज हर्षित हुआ। वहाँ पर उनका स्वागत सत्कार किया, फिर प्रेम सहित काकभुशुंडिजी मधुर वचन बोले – हे नाथ! पक्षीराज, आपके दर्शन से मैं कृतार्थ हो गया। आप जो आज्ञा दें मैं अब वही करूँ। हे प्रभो! आप किस कार्य के लिए आए हैं।

पक्षीराज गरुड़जी ने कोमल वचन कहे– हे तात! सुनिए, मैं जिस कारण से आया था, वह सब कार्य तो यहाँ आते ही पूरा हो गया। फिर आपके दर्शन भी प्राप्त हो गए। आपका परम पवित्र आश्रम देखकर ही मेरा मोह, संदेह और अनेक प्रकार के भ्रम सब जाते रहे। अब आप मुझे श्रीरामजी की अत्यंत पवित्र करनेवाली, सदा सुख देनेवाली कथा आदर सहित सुनाइए। हे प्रभो! मैं बार-बार आपसे यही विनती करता हूँ। गरुड़जी ने विनम्र, सरल और अत्यंत पवित्र वाणी से बोलते हुए उनके (भुशुंडि) चरणों में अपना मस्तक नवाया, जिससे काकभुशुंडि के मन में परम उत्साह हुआ और प्रेमयुक्त वचनों से राम के चरित्र की कथा बाल-लीलाओं से लेकर, लंका विजय और जैसे वानरों समेत पुष्पक विमान पर चढ़कर अवधपुरी को चले, वह सब कथा सुनाई, जिसे पक्षीराज अपने पंख फुला-फुलाकर बड़े प्रेमयुक्त हो सुन रहे थे। उन्हें ऐसा लग रहा था जैसे प्रभु श्रीराम की बाल-लीलाओं से लेकर लंका विजय और अवधपुरी की वापसी तक वे अपने प्रभु श्रीराम के साथ थे। श्रीराम की कथा सुनते-सुनते कभी-कभी गरुड़जी अपने आसन से काकभुशुंडिजी की तरफ चलकर उन्हें

प्रणाम करते थे। उन्हें स्वयं का ज्ञान न रहा था कि वे कहाँ बैठे हैं। गरुड़जी का शरीर पुलकित हो गया था। उनके नेत्रों में जल भर आया और गद्गद वाणी से कहा – हे काकशिरोमणि! आपके अनुग्रह से श्रीरामजी के चरणों में मेरा प्रेम हो गया। नागपाश के बंधन देखकर मुझे अत्यंत मोह हो गया था। वेद, शास्त्रों और पुराणों का यही मत है शुद्ध संत उसी को मिलते हैं, जिसे श्रीरामजी कृपा करके देखते हैं। श्रीरामजी की कृपा से मुझे आपके दर्शन हुए और आपकी कृपा से मेरा संदेह चला गया।

भुशुंडिजी ने कहा – हे नाथ! हे पक्षीराज आपको न संदेह और न मोह अथवा माया ही है। आपने तो मुझ पर दया की है। हे गोसाई! यह कुछ आश्चर्य नहीं है। नारदजी, शिवजी, ब्रह्मा और सनकादि जो आत्म-तत्त्व के मर्मज्ञ और उसका उपदेश करनेवाले श्रेष्ठ मुनि हैं, उनमें से किस-किसको प्रभु की माया ने मोहित नहीं किया। जगत् में ऐसा कौन है, जिसे काम ने न नचाया हो। मद, मत्सर, तृष्णा, क्रोध आदि ने किसको नहीं सताया। ये सच्चिदानंद की माया की प्रचंड सेना संसार भर में छाई हुई है और दंभ, कपट व पाखंड उस सेना के योद्धा हैं। यह माया प्रभु राम की दासी है। यद्यपि समझ लेने पर वह मिथ्या ही है, किंतु वह श्रीरामजी की कृपा के बिना नहीं छूटती। और वही माया प्रभु श्रीरामचंद्र की भृकुटि के इशारे पर पूरे संसार को नट की भाँति नचा रही है। इसीलिए प्रभु श्रीराम जी ने कहा है –

गो गोचर मन जहँ लौ जाई।
तह लौ माया जानौ भाई॥

हे गरुड़जी! श्रीरामजी वही सच्चिदानंद हैं, जो अजन्मा, विज्ञानस्वरूप, रूप और बल के धाम, सर्वव्यापक एवं अखंड, अनंत, संपूर्ण, अमोघ शक्ति और छह ऐश्वर्यों से युक्त सर्वशक्तिमान भगवान् हैं। वे निर्गुण, महान्, वाणी और इंद्रियों से परे प्रभु, सदा सबके हृदय में बसनेवाले, इच्छा-रहित, विकार-रहित अविनाशी ब्रह्म हैं। उनके समान जगत् में कुछ नहीं। जैसे चंद्रमा अपनी पूर्ण कलाओं सहित और सारे तारे और पर्वतों पर और अन्य जो वन हैं उसमें अग्नि लगा दी जाय तो भी सूर्य के उदय बिना रात्रि नहीं जा सकती। ऐसे ही बिना प्रभु भजन के जीवों का दुःख नहीं मिट सकता।

ऐसेहिं हरि बिनु भजन खगेसा।

मिटइ न जीवन्ह केर कलेसा॥

हे गरुड़जी! एक बार मैं प्रभु की बाल-लीला देखने अवधपुरी पहुँच गया। वे श्याम शरीर और लाल-लाल हथेली और चरण तलवाले बालरूप श्रीरामजी घुटने और हाथों के बल मुझे पकड़ने को दौड़े। तब मैं भाग चला। श्रीरामजी ने मुझे पकड़ने के लिए भुजा फैलाई। मैं जैसे-जैसे आकाश में दूर उड़ता वैसे-वैसे वहाँ श्रीहरि की भुजा को अपने पास देखता था। मैं ब्रह्मलोक तक गया और उड़ते हुए मैंने पीछे की ओर देखा तो हे तात! श्रीरामजी की भुजा और मुझमें केवल दो अंगुल का फासला था। सातों आवरणों को भेदकर जहाँ तक मेरी गति थी वहाँ तक मैं गया, पर वहाँ भी प्रभु की भुजा देखकर मैं व्याकुल हो गया। जब मैं भयभीत हो गया, तब मैंने आँखें मूँद लीं। फिर आँखें खोलकर देखते ही अवधपुरी में पहुँच गया। मुझे देखकर श्रीरामजी मुसकराने लगे। उनके हँसते ही मैं तुरंत उनके मुख में चला गया।

हे पक्षीराज! मैंने उनके पेट में बहुत से ब्रह्मांडों के समूह देखे। वहाँ अनेक विचित्र लोक थे, जिनकी रचना एक से बढ़कर एक थी। करोड़ों ब्रह्माजी और शिवजी, अनगिनत तारागण, सूर्य और चंद्रमा, अनगिनत लोकपाल, यम और काल, अनगिनत विशाल पर्वत और भूमि, असंख्य समुद्र, नदी, तालाब व वन तथा और भी नाना प्रकार की सृष्टि का विस्तार देखा। देवता, मुनि, सिद्ध, नाग, मनुष्य, किन्नर तथा चारों प्रकार के जड़ और चेतन जीव देखे। जो कभी न देखा था, न सुना था और जो मन में भी नहीं समा सकता था, वही सब अद्‍भुत सृष्टि मैंने देखी। मैं एक-एक ब्रह्मांड में एक-एक सौ वर्ष तक रहकर अनेक ब्रह्मांड देखता रहा। प्रत्येक लोक में भिन्न-भिन्न ब्रह्मा, भिन्न-भिन्न विष्णु, शिव, मनु, मनुष्य, गंधर्व, किन्नर, राक्षस, पशु, पक्षी, सर्प तथा नाना जाति के देवता एवं दैत्य गण थे। सभी जीव वहाँ दूसरे प्रकार के थे। अनेक पृथ्वी, नदी, समुद्र, तालाब, पर्वत तथा सब सृष्टि वहाँ दूसरी-ही-दूसरी प्रकार की थी। प्रत्येक ब्रह्मांड में मैंने अपना रूप देखा तथा अनेक अनुपम वस्तुएँ देखीं। प्रत्येक भुवन में न्यारी ही अवधपुरी, भिन्न ही सरयूजी और भिन्न प्रकार के ही नर-नारी थे। (अर्थात् काकभुशुंडि ने वहाँ की **पुरियों और नदियों** को क्रमशः अवधपुरी और सरयू समझा होगा) अनेक ब्रह्मांडों में भटकते हुए मुझे मानो एक सौ कल्प बीत गए, फिरता-फिरता मैं अपने आश्रम

आया। फिर अपने प्रभु का अवधपुरी में जन्म सुन पाया, तब प्रेम से परिपूर्ण होकर मैं हर्षपूर्वक उठ दौड़ा और उन प्रभु परमात्मा का बालरूप ध्यान करते हुए अपने शरीर तक को भूल गया और हे आर्तजनों के रक्षक! मेरी रक्षा कीजिए, रक्षा कीजिए, रक्षा कीजिए पुकारता हुआ पृथ्वी पर गिर पड़ा। तदनंतर प्रभु ने मुझे प्रेमविह्वल देखकर अपनी माया की प्रभुता को रोक लिया। प्रभु ने अपना कर-कमल मेरे सिर पर रखा और उन दीनदयालु ने मेरे सारे दुःख हर लिये और गद्गद मन व आँखों से उन्हें देख रहा था। वाणी कुछ कहने में समर्थ नहीं थी। मैं प्रेमयुक्त उन प्रभु को भक्तियुक्त अश्रुओं को बहाते हुए उन्हें अपलक निहारता रहा। तब प्रभु बोले– हे काक! सुन। ये मेरी माया से उत्पन्न सब भ्रम अब तुझमें नहीं व्यापेंगे। यह सारा संसार मेरी माया से उत्पन्न है। अनेक प्रकार के चराचर जीव हैं वे सभी मुझे प्रिय हैं। क्योंकि सभी मेरे उत्पन्न किए हुए हैं। किंतु मनुष्य मुझको सबसे अधिक प्रिय है और उन मनुष्यों में भी द्विज और द्विजों में भी वेदों को धारण करनेवाले तथा उनमें भी वेदों के मार्ग पर चलनेवाले और उनमें भी मुझे वैराग्यवान प्रिय हैं। और उन वैराग्यवानों में फिर ज्ञानी और ज्ञानियों में भी अत्यंत प्रिय विज्ञानी हैं। और विज्ञानियों से भी प्रिय **यानी सबसे प्रिय** मुझे अपना दास है। जिसे मेरी ही गति प्राप्त है, उसे कोई दूसरी आशा नहीं है; जो सर्वथा मुझी को समर्पित है, जिसने मेरा सहारा लिया उसे किसी की ओर निहारने की आवश्यकता नहीं है। चाहे भक्तिहीन ब्रह्मा ही क्यों न हों वे भी सब जीवों के समान हैं, परंतु भक्तिमान अत्यंत नीच प्राणी भी मुझे प्राणों के समान प्रिय है। मैं तुझसे बार-बार सत्य कहता हूँ कि मुझे अपने सेवक के समान प्रिय कोई भी नहीं है–

पुनि पुनि सत्य कहँउ तोहि पाहीं।
मोहि सेवक सम प्रिय कोउ नाहीं॥

उन प्रभु सत्-चित्-आनंद के चरणों की वंदना करके मैं अपने आश्रम पर लौट आया। जब से हे पक्षीराज गरुड! मुझे माया ने नहीं सताया। जो मानव विज्ञान को तत्त्व से जानकर श्रद्धा के साथ स्वयं को प्रभु के हवाले कर देता है तो उसे कोई भी दुःख नहीं सताते। वे प्रभु अरबों कामदेवों के समान सुंदर शरीर है। वे अनंत कोटि दुर्गाओं के समान शत्रुनाशक हैं। अरबों इंद्रों के समान उनका ऐश्वर्य है और अरबों आकाशों के समान

उनमें अनंत स्थान है। मुनि गण अपनी-अपनी बुद्धि के अनुसार उन परमात्मा का गुणगान करते हैं। वेद, शेष और शिवजी भी उनका पार नहीं पाते।

निज-निज मति मुनि हरि गुन गावहिं।
निगत सेष सिव पार न पावहिं॥

भगवान् अरबों कामधेनुओं के समान सब कामनाओं को देनेवाले हैं। गोस्वामीजी कहते हैं –

सारद कोटि अमित चतुराई।
बिधि सत कोटि सृष्टि निपुराई॥
बिष्णु कोटि सम पालनकर्ता।
रुद्र कोटि सत सम संहर्ता॥

उन प्रभु में अनंत कोटि सरस्वतियों के समान चतुरता है, अरबों ब्रह्माओं के समान पल में सृष्टि की रचना करने की क्षमता है। वे करोड़ों विष्णुओं के समान पालन करनेवाले और अरबों रुद्रों के समान संहार करनेवाले हैं। जगदीश्वर प्रभु श्रीरामजी सीमा-रहित और उपमा-रहित हैं। भुशुंडिजी के सुंदर वचन सुनकर पक्षीराज ने हर्षित होकर अपने पंख फुला लिये। उनके नेत्रों में प्रेमानंद के आँसुओं का जल भर आया और मन अत्यंत प्रसन्न हो गया और श्रीराम के नाम को हृदय में धारण किया। वे अपने पिछले मोह को समझकर पछताने लगे और बार-बार काकभुशुंडिजी के चरणों में सिर नवाया और उन्हें श्रीरामजी के ही समान जानकर प्रेम भर आया।

गुरु बिनु भव निधि तरइ न कोई।
जौं बिरंचि संकर सम होई॥

गुरु के बिना कोई भवसागर नहीं तर सकता, चाहे वह ब्रह्माजी और शंकरजी के समान ही क्यों न हो। गरुड़जी ने कहा – हे तात! मुझे संदेह रूपी सर्प ने डस लिया था। बहुत ही कुतर्क रूपी दुःख देनेवाली लहरें आ रही थीं। आपकी कृपा से मेरा मोह नाश हो गया और मैं श्रीरामजी का अनुपम रहस्य को जान सका। इस प्रकार गरुड़जी प्रशंसा करके, सिर नवाकर और हाथ जोड़कर, प्रेमपूर्वक विनम्र और कोमल वचन बोले – हे प्रभो! हे स्वामी! हे नाथ! मैं अपने अविवेक के कारण आपसे पूछता हूँ। हे कृपा के समुद्र! मुझे अपना निज दास समझकर आदरपूर्वक मेरे प्रश्न

का उत्तर कहिए—

प्रभु आपके अविवेक ते, बूझऊ स्वामी तोहि।
कृपासिंधु सादर कहहु, जानि दास निज मोहि॥''

''तुम्ह सर्बग्य तग्य तम पारा। सुमति सुसील सरल आचारा॥
ग्यान बिरति बिग्यान निवासा। रघुनायक के तुम्ह प्रिय दासा॥''

आप सबकुछ जाननेवाले हैं, तत्त्व के ज्ञाता हैं, अंधकार (माया) से परे हैं, उत्तम बुद्धि से युक्त, सुशील, सरल, आचरणवाले, ज्ञान, वैराग्य और विज्ञान के धाम और श्री रघुनाथ के प्रिय दास हैं। इस प्रकार पक्षियों के राजा गरुड़जी को श्रीराम और लक्ष्मण को नागफाँस से छुड़ाकर स्वयं मोहफाँस में जकड़ गए थे परंतु काकभुशुंडिजी जैसे महान् गुरु की शरण में जाने से गरुड़ का मोह जाता रहा। और वो (गरुड़) बार-बार काकभुशुंडिजी के चरणों की वंदना करते हैं जिन्हें उन्होंने सिर्फ (कौआ) नीच पक्षी जाना था, स्वयं पक्षियों के राजा थे और भगवान् के वाहन थे। प्रभु के सबसे करीब रहनेवाले अपने प्रभु के प्रताप को भूल गए; परंतु जब अपने श्री गुरु महाराज (काकभुशुंडिजी) की कृपा से प्रभु के रहस्य को जाना, तब वही गरुड़जी अति विनम्र और कोमल हृदय से श्री काकभुशुंडिजी के चरणों में समर्पित हो जाते हैं और गद्‌गद वाणी से उन्हें हे प्रभो! हे स्वामी! हे नाथ! हे कृपा के समुद्र ऐसा कहकर अपने अश्रुओं से उनके चरणों को धो देते हैं। काकभुशुंडिजी उन्हें अपने हृदय से लगाते हैं। अहा! क्या मनोहर दृश्य है भक्त और भगवान् का मिलन। थोड़ी देर के लिए मानो संसार रुक गया हो। यही आराधना है, यही भक्ति है, यही साधना है, यही वह क्षण है, जिसके लिए जीव को मानुष जन्म मिलता है तो खोजिए ऐसा क्षण, प्रवेश कीजिए आध्यात्मिक नगरी में, वैर का परित्याग कीजिए। छोटे-बड़े होने का जो आभास हो रहा है, उसे छोड़ दीजिए, हिंसा को छोड़कर अहिंसा अपनाइए। व्यक्ति को सत्य में प्रतिष्ठित होना चाहिए, जितना बोले सच बोले। बनावटी जीवन नहीं जीना चाहिए। आप बनावटी जीवन जिएँगे, उतने ही अशांत रहेंगे। इसलिए सीधा, सहज और सरल स्वभाव में जीने से आपको जो प्राप्त होगा वह नकली जीवन जीने से नहीं मिलेगा। आप दुनिया के सामने कितनी डींगें हाँक लें, कितने ही शाबाशी के पुल बाँध लें। दुनिया सब जानती है। इतना अवश्य विचार कर लें कि मेरे पीछे ये लोग क्या कहेंगे। जैसे तुम अंदर से हो वैसे

बाहर से हो जाओ और जैसे बाहर दिखाई देते हो वैसे अंदर भी हो जाओ। किसी कवि ने अपने भावों को व्यक्त करते हुए कहा है–

तन उजला, मन काला, बगुले जैसा भेष।
इससे तो कौआ भला, बाहर भीतर एक॥

अपने स्वरूप को बाहर और भीतर से एक बनाएँ, क्योंकि इससे आपको विशेष लाभ मिलेगा। जिस शांति और सुकून को प्राप्त करने के लिए आप बाहर भटक रहे हैं, वह आपको अंदर मिल जाएगी। और अशांत मन शांत हो जाएगा, परंतु मन स्वयं नहीं शांत होता, चित्त (मन) का स्वभाव है प्रवाह। इसलिए आप कुछ भी करें, चित्त उसमें प्रवाह निकाल ही लेगा और चिंतन करने लगेगा। ध्यान और चिंतन का यही फर्क है। ध्यान का अर्थ है चिंतन का ठहर जाना, प्रवाह का रुक जाना, एकाग्रता का अर्थ है एक ही रह जाए, उसके संबंध में कोई चिंतन न रहे। वैसे एकाग्रता मन के विपरीत है। मन तो रुक ही नहीं सकता, एकाग्र हो ही नहीं सकता। इसीलिए एकाग्र करने के लिए कहा जाता है कि एकाग्र अगर आप हो गए तो मन समाप्त हो जाएगा। मन के लिए असंभव है एकाग्र होना। जब आप एकाग्र होते हैं तो मन होता ही नहीं। जब तक मन होता है तब तक एकाग्र नहीं होते। एकाग्र का अर्थ है ठहर जाना। जब तक जल वाष्प रहता है तब तक वह आकाश में कुलाँचें मारता रहता है। जब थोड़ा-सा ठंडा होता है तो जल बनकर नदियों में बहने लगता है, परंतु ठहरता नहीं। कितनी कोशिश कर लो, परंतु कहीं-न-कहीं से बहने लगेगा। यानी नदी बहती ही रहेगी। परंतु काकभुशुंडि जैसे महापुरुष और गरुड़ जैसे नदी के जल को बर्फ बना दिया जाए तो उसमें कोई प्रवाह नहीं होता, जो जल बह रहा था वह ठहर जाता है। अब कोई गति नहीं रहती। ऐसा ही मन ठहर जाए तो सारा प्रवाह रुक जाए, जम जाए बर्फ की तरह, तो उसी क्षण मन नहीं है, मन खो गया। जो बचता है वही चैतन्य है।

आध्यात्मिक जीवन काजल नहीं है। उसमें कार्य-कारण नहीं है, इसलिए आध्यात्मिक जीवन मुक्त हो सकता है, कार्य-कारण की शृंखला में मुक्ति कभी नहीं हो सकती। कार्य-कारण का मतलब है बंधन। हर चीज पिछली चीज से बँधी है और जो चीज पिछली चीज से बँधी है, वह अगली चीज से बँधी होगी। उसमें एक चेन-सीरिज है, सब चीजें बँधी हैं। अगर पानी

भाप बनेगा तो अभी तक पानी के नियमों से बँधा था, अब भाप के नियमों से बँधेगा। अगर पानी बर्फ बनेगा, तो अभी तक पानी के नियमों से बँधा था अब बर्फ के नियमों से बँध जाएगा, आगे-पीछे दोनों तरफ बंधन होंगे। इस तरह बंधन में रहकर मुक्ति की कामना करना व्यर्थ है। मुक्ति एक्सप्लोजन है, एक विस्फोट है, कार्य-कारण की शृंखला के बाहर। पहली बार जब उपनिषद् पश्चिमी भाषाओं में अनुवादित हुए तो वहाँ जिन लोगों ने पढ़ा, उनकी पहली जो तकलीफ हुई वह यही थी कि इसमें कोई साधना तो बताई नहीं है। क्या करना, क्या नहीं करना; क्या खाना, क्या नहीं खाना; क्या पीना, क्या नहीं पीना; क्या पहनना है, क्या नहीं पहनना है; क्या बुरा है, क्या भला है। यह उपनिषद् किस तरह का धर्मग्रंथ है, जिसमें कोई चर्चा ही नहीं, कोई साधना की प्रक्रिया नहीं, आचरण की कोई व्यवस्था नहीं। कठिन है समझना कि 'बाइबल' में जो उपदेश है, धर्म से कोई लेना-देना है वह नैतिक है, लेकिन नीति को धर्म समझ लिया है। **उपनिषद्** ठीक अर्थों गें धर्म है, नीति से कोई लेना-देना नहीं है। वह सिर्फ **रिमेंबरिंग** की बात है। वे यह कह रहे हैं कि तुम स्मरण करो, जिसे तुम भूल गए हो, जो तुम हो जो तुम इसी वक्त हो, इसे स्मरण करो। इसे कहीं पाने नहीं जाना है, अभी और यहीं हो ही तुम। सिर्फ स्मरण करो। यह सिर्फ विस्मृति है। नीति को धर्म समझकर पढ़ना, अपनाना स्वयं को किसी के बनाए हुए पंथ में बँधना होता है और धर्म की पुस्तक पढ़ना, अपनाना एक संत का निर्माण होता है और एक साधक का जन्म होता है, एक धार्मिक मानव का निर्माण होता है। और इन निर्माणों में यानी जीवन में सुख-दुःख चलते रहते हैं। इन दोनों के बगैर जीवन अधूरा है। मानव सुख चाहता है और दुःखों से दूर रहना उसकी तीव्र इच्छा होती है। परंतु क्या आपने कभी सोचा है कि जीवन का तथ्य है, लेकिन अकेला दुःख ही जीवन का तथ्य नहीं है, सुख भी जीवन का तथ्य है। जितना बड़ा तथ्य दुःख है, उससे छोटा तथ्य सुख नहीं है। जब हम दुःख को ही तथ्य मानकर बैठ जाते हैं तो अवश्य हो जाता है फिक्शन हो जाता है, क्योंकि सुख कहाँ छोड़ दिया? अगर जीवन में दुःख ही होता तो बुद्ध भगवान् को किसी को समझाने की जरूरत न पड़ती। बुद्ध इतना समझाते हैं लोगों को, फिर भी कोई भाग तो नहीं जाता। हम भी दुःख में रहते हैं, लेकिन फिर भी भाग नहीं जाते। दुःख

से भिन्न भी कुछ होना चाहिए। जो अटका लेता है, रोक लेता है, किसी को प्रेम करने में दुःख है, क्योंकि प्रेम की अपनी कठिनाइयाँ अपनी जटिलताएँ हैं। किसी को प्रेम करने में अगर सुख न हो तो इतने दुःख को झेलने को कौन राजी होगा? कण भर सुख के लिए आदमी पहाड़ भर दुःख झेल लेता है तो मानना होगा कि कण भर सुख की तीव्रता पहाड़ भर दुःख से ज्यादा होगी।

सुख भी सत्य है। समस्त त्यागवादी सिर्फ दुःख पर जोर देते हैं, इसलिए वह असत्य हो जाता है। समस्त भोगवादी सुख पर जोर देते हैं इसलिए वह असत्य हो जाता है। भौतिकवादी सुख पर जोर देते हैं, इसलिए वह असत्य हो जाता है। क्योंकि वह कहते हैं –दुःख है ही नहीं। तब ध्यान रहे, आधे सत्य असत्य हो जाते हैं। सत्य होगा तो पूरा ही होगा, आधा नहीं हो सकता। कोई कहे, जन्म ही है तो असत्य हो जाता है। कोई कहे, मृत्यु ही है तो असत्य हो जाता है, क्योंकि जन्म के साथ मृत्यु है। जब-जब जीवन में दुःख आएँगे तो उनका जाना भी है, इसलिए दुःखों के आने पर घबराना नहीं चाहिए। हर हाल में मनुष्य को खुश रहना चाहिए। क्योंकि यही जीवन का सार भी है। और जो विनाशकारी प्रवृत्ति हमारे अंदर पनप रही है उस कमजोरी को हम दूर करें। कहा भी गया है– **महाजनो येन गतः स पन्थाः।**

जिस मार्ग पर महापुरुष चले हैं उसी पर हमें भी चलना चाहिए। तभी कहा, आप जपें औरों को जपावें, नानक मुक्ति निश्चय पावे। उसी ज्ञान के मार्ग पर हमें भी चलना चाहिए। अगर आप कमजोरी को महत्त्व दोगे तो वह धीरे-धीरे बढ़ती जाएगी। फिर उसे आप रोक नहीं पाएँगे और कमजोरी आपके अंदर डेरा डाल देगी और आप खुद कमजोर हो जाओगे। जैसे रावण ने कहा था कि मैं उस धर्म की स्थिति को जानता हूँ, उस परम रहस्य को जानता हूँ। पर अब मेरे अंदर क्षमता नहीं है कि मैं धर्म के द्वारा अपने आपको अनुशासित कर सकूँ और अंततोगत्वा वह विनाश की तरफ चला जाता है। अंत समय में लक्ष्मणजी भगवान् राम की आज्ञानुसार उसके पास जाते हैं और कहते हैं– हे रावण! कुछ नीति की बातें बताओ।

रावण कहता है– लक्ष्मण, कभी अच्छा काम कल पर नहीं छोड़ना चाहिए। मेरी अनीति के कारण अब मेरे वंश में कोई नहीं बचा है। मैं

स्वर्ग तक सोने की सीढ़ियाँ बनाना चाहता था, खारे समुद्र के पानी को मीठा करना चाहता था, जिससे युग-युग तक लोग मेरी कीर्ति को गाते रहें कि रावण कैसा विद्वान् रहा होगा, जिसने समुद्र के खारे पानी को मीठा कर दिया। परंतु मैं आज-कल की माला जपता रहा और वह कल कभी नहीं आया। हे लक्ष्मण! कल नहीं आया, परंतु काल (मृत्यु) आ गया। नीति यही कहती है कि अच्छा काम कल पर न छोड़ें और बुराई को अपने अंदर प्रवेश न होने दें, धर्म पर चलें। जो धर्म पर चलता है, धर्म की रक्षा करता है तो धर्म भी उसकी रक्षा करता है, इसमें कोई और राय नहीं—

"धर्मो रक्षति रक्षितः।"

अपने जीवन में ज्ञान को उतारें, भक्ति को जानें प्रभु के समक्ष समर्पण का भाव जाग्रत् करें तो हमारे जीवन में निश्चित रूप से प्रकाश होगा। सच्चे अर्थों में हमारे जीवन का रूपांतर होगा और हमारे समाज का उद्धार होगा, हमारे महापुरुष जो समाज-सुधारक थे, उन्होंने ज्ञान के जरिए इस नफरत की संकीर्णता को समाप्त किया। बहुत से लोग मानते हैं कि परमात्मा के निमित्त जो कुछ भी करते रहें, हम परमात्मा के पास पहुँच जाएँगे। अगर इस बात को हम दैनिक जीवन में लागू करें तो ऐसा होना संभव नहीं होगा। जैसे आप किसी भी रेलगाड़ी में बैठ जाएँ और सोचें हम अपने घर कानपुर पहुँच जाएँगे तो शायद ऐसा संभव नहीं होगा, क्योंकि सारी रेलगाड़ियाँ कानपुर नहीं जातीं। अगर हम विपरीत दिशावाली गाड़ी में बैठ गए तो हम अपने घर न जाकर और दूर होते जाएँगे। इसी तरह जितने साधन आपको दिखाई देते हैं, सारे परमात्मा के पास नहीं पहुँचाते। उनमें से कुछ साधन आपको परमात्मा से दूर भी करते हैं। कोई भी तंत्र-मंत्र (तांत्रिक) आपको परमात्मा तक नहीं पहुँचा सकता और आपको अंधविश्वास के अँधेरे कुएँ में ढकेल देगा। इसीलिए कहते हैं—

"तंत्र-मंत्र सब झूठ है, मत भरमो संसार।
आदि शब्द जाने बिना कोई न उतरसि पार॥"

बड़ा आश्चर्य होता है। स्वयं कुछ नहीं करना चाहते, न पूजा, न ध्यान, न परमात्मा का चिंतन सबकुछ पैसे देकर (एक पुजारी रखकर) करवाना चाहते हैं। अरे भाई, जब स्वयं खाओगे, तभी पेट भरेगा। ऐसे ही— यक्ष ने महाराज युधिष्ठिर से पूछा— त्रिलोक में सबसे बड़ा आश्चर्य

क्या है? युधिष्ठिर महाराज ने कहा—

"अहन्यहनि भूतानि गच्छन्तीह यमालयम्।
शेषाः स्थावर मिच्छन्ति किमाश्चर्यमतः परम्॥"

संसार में प्रति रोज प्राणी यमलोक को प्राप्त हो रहे हैं और जो बचे हुए हैं, वे यहाँ हमेशा जीने की चाह बनाए हुए हैं। इससे बढ़कर और आश्चर्य क्या होगा। जो लोग उन्हें श्मशान ले जाते हैं वही कहते हैं, ये तो बेचारे मर गए, जैसे उन्हें जाना ही नहीं है, कोई-कोई व्यक्ति उन लोगों पर आरोप भी लगाते हैं कि वह तो भाई गलत आदमी था। उसके पैसे मार दिए थे, मेरे से उधार लेकर नहीं दिए। चलो, भगवान् उसकी आत्मा को शांति दे। ऐसे आपस में कहकर स्वयं संतुष्ट होते हैं, परंतु स्वयं के कर्मों को नहीं देखते। जो मानव दूसरों के कर्म-अकर्म को तूल (महत्त्व) नहीं देता, सदा अपने कर्मों पर सतत प्रयासरत रहता है वह मानव संतुष्ट होता है वह किसी की अच्छाई-बुराई की विवेचना नहीं करता। और वह अपने कर्मों में मस्त रहता है वह आत्म संतुष्ट होता वह तो सतरूप चेतन के सामने अपनी ही गलतियों की क्षमा-याचना करता रहता है—

"मम सम कौन कुटिल खल कामी।
भरि-भरि उदर विषयन को धावे जैसे सूकर ग्रामी॥
मो सम कौन'' ।"

ऐसा नहीं है कि मैंने गलतियाँ की हैं, तभी क्षमा माँग रहा हूँ। ये अपने स्वामी के प्रति समर्पण है। अपने मन को निर्मल बनाने के लिए है। इसमें जो अहंकार की अपने मन में पर्त होती है, वो नष्ट हो जाती है। मन नई स्फूर्ति से भर जाता है ऐसा अपना मत है, अपना विचार है। संसार में हम देखते हैं कि अगर किसी मनुष्य को कोई व्यक्ति अच्छी राय-सलाह या मत देता है तो उसकी भी याद समय-समय पर मनुष्य को आया करती है। उसके जीवन में जब भी कोई प्रश्न या समस्या आती है तो वह कहता है कि आज यदि वह व्यक्ति यहाँ होता तो कितनी अच्छी सलाह मुझे दे सकता था यदि कोई भी मनुष्य निर्धनता और दीन-हीन स्थिति में है और अगर कोई भी उसे धन देकर उस स्थिति से उबार लेता है तो व्यक्ति सदा उस व्यक्ति के ही गुण गाया करता है। तो अब आप ही बताएँ कि परमात्मा से अधिक अच्छा मत देनेवाला और कौन हो

सकता है? परमात्मा का मत तो पूर्ण कल्याण करनेवाला होता है। उनके बहु-कल्याणी और परम लघु नाम का जीवन में आधार बना लेने से, अपनी बुद्धि के चिंतन से जो मत उभरकर आता है वह कल्याणकारी होता है। परम पिता परमात्मा ही तो विषय विकार में डूबते हुए मनुष्यों को पार करते हैं। उन प्रभु के नाम का स्मरण करके अपने हृदय को साफ-सुथरा और पवित्र बनाए रखें, ताकि वो अनंत (परमात्मा) आपके हृदय में निवास करे, जिसके अंदर काम, क्रोध, लोभ, मोह, अहंकार, दंभ लेशमात्र भी न हो ऐसे पवित्र हृदय के अंदर प्रभु निवास करते हें। और वे शांति का अनुभव करते हैं और यही अनुभव अंत समय में जीवन-मरण से मुक्त कराता है यानी – **अंत मता सो गता,** क्योंकि जो शरीरवाले होते हैं वे सांसारिक दुःखों से रहित नहीं हो सकते।

यह उपनिषद् (कठ. 2/6/10) का वचन है – जब शुद्ध मन युक्त पाँच ज्ञानेंद्रिय जीव के साथ रहती हैं और बुद्धि का निश्चय स्थिर रहता है, उसको परमगति अर्थात् मोक्ष कहते हैं, जो परमात्मा अपहतपात्मा सर्व पाप, जरा, मृत्यु, शोक, क्षुधा, पिपासा से रहित, सत्यकाम, सत्य संकल्प है उसकी खोज और उसी को जानने की इच्छा करनी चाहिए। जिस परमात्मा के संबंध से मुक्त जीव सब लोकों और सब कामों को प्राप्त है। जो परमात्मा को जानकर मोक्ष के साधन और अपने को शुद्ध करना जानता है, सो यह मुक्ति को प्राप्त जीव शुद्ध दिव्य नेत्र और शुद्ध मन से कामों को देखता, प्राप्त होता हुआ रमण करता है। जो यह ब्रह्मलोक अर्थात् दर्शनीय परमात्मा में स्थिर होकर मोक्ष सुख को भोगते हैं और इसी परमात्मा की, जो कि सबका अंतर्यामी आत्मा है, उसकी उपासना मुक्ति को प्राप्त करनेवाले विद्वान् लोग करते हैं। उससे उनको सर्व लोक और सब काम प्राप्त होते हैं अर्थात् जो-जो संकल्प करते हैं, वह-वह लोक और वह काम प्राप्त होता है। और वे मुक्त जीव स्थल शरीर छोड़कर संकल्पमय शरीर से आकाश में परमेश्वर में विचरते हैं, क्योंकि जो शरीरवाले होते हैं वे सांसारिक दुःख से रहित नहीं हो सकते। तब भला उस परम पिता की याद क्यों नहीं आएगी? याद उसकी भी आती है, जो सुंदर हो। सुंदरता ऐसी चीज है, जो मनुष्य को मोहित और मुग्ध कर देती है उसके मन-मस्तिष्क को बार-बार अपनी ओर खींचती है, परंतु देह और भौतिक पदार्थों की सुंदरता तो नश्वर है और दिनोदिन क्षीण होने वाली है। पूर्ण सुंदर तो एक

परमपिता परमेश्वर ही है। उनकी सुंदरता की कला कभी घटती नहीं है। उन्हें लोग मानते ही 'सत्यं-शिवं-सुंदरम्' हैं। उनसे सुंदर और कौन होगा? और फिर उनसे तो हमें आत्मिक और शारीरिक दोनों प्रकार की अपार सुंदरता का वरदान मिलता है। यह सब जानकर मन, वचन और कर्म से उस पूर्ण सुंदर तथा सुंदर बनानेवाले परमप्रिय परमपिता को कौन बार-बार या लगातार याद नहीं करेगा? अभी तक जिन बातों पर हमने चर्चा की, उन पर आप गंभीरता से विचार करेंगे तो आप भी यह पाएँगे कि हमें किसी की भी याद इन सब बातों के आधार पर ही आती है। जो मनुष्य प्रभु के दिव्य नाम, दिव्य रूप, दिव्य धाम तथा कर्तव्य आदि का परिचय प्राप्त करके कार्य करते हुए भी उन परमात्मा की स्मृति में रहता है, वह कर्मयोगी है। कर्मयोग का अर्थ निष्काम होकर कर्म करना नहीं है बल्कि कर्म करते हुए भी योग अर्थात् परमात्मा से मन की लगन रखना है। परमात्मा को भजने की सहज विधि है कि जब आप कार्य व्यवहार से निवृत्त हो जाते हैं तो जैसे कछुआ कर्मेंद्रियों को समेटकर बैठता है वैसे आपको भी कर्मेंद्रियाँ समेट लेनी चाहिए। इससे अभिप्राय यह है कि शरीर द्वारा कोई कर्म नहीं करने की स्थिति में स्वयं को शरीर से एक आत्मा मानकर विशेष अवस्था में बैठना चाहिए, केवल कर्मेंद्रियों को ही नहीं समेटना है, बल्कि मन को भी समेटना है, अर्थात् मन को कार्य-व्यवहार के संकल्पों से निवृत्त करके परमात्मा की स्मृति में स्थित करना चाहिए। हमारे ध्यान और साधना का जो रहस्य है वह अपने आप में ट्यून करता है कि तुम अपने को पहचानो। इसीलिए कहा है—

अपन को आपुन में पायो,
सबद ही सबद भयो उजियारो ।

साधना के जरिए आदमी अपने आपको प्रभु से जोड़ता है और साधना में रत होता है। तब विषय-विकार स्वयं छूट जाएँगे, जैसे फूल लगते समय पत्ते वृक्ष से झड़ जाते हैं और फल लगते समय फूल भी झड़ जाते हैं वैसे यथार्थ बोध होने पर मोहासिक्त रूपी पत्ते स्वयं झड़ जाएँगे। जैसे घर में मंदिर की ओर बढ़ते समय घर को अलग से नहीं छोड़ना पड़ता, वैसे ही चित्त परमात्मा में लगने पर अलग से संसार को त्यागना नहीं पड़ता। वस्तुतः सत्य को पाने के लिए कहीं जाना नहीं है, अपितु सत्य को जानना है। प्रकाश कमरे में करो, अँधेरा स्वयं भाग जाएगा।

क्योंकि अँधेरे का कोई अस्तित्व नहीं हाता। ऐसे ही ज्ञान का न होना ही अज्ञान है। ज्ञान होने पर अज्ञान स्वयं भाग जाएगा। वैसे ही यथार्थ बोध प्राप्त करो। अज्ञान तथा तज्जन्य काम, क्रोध, लोभ, मोह, मद, मत्सरादि स्वयं ही पलायन कर जाएँगे; क्योंकि उसने मन, वाणी और क्रिया योग द्वारा भक्ति की है। जो भक्त मन, वाणी और अपने प्रभु के जाग्रत् अवस्था का ध्यान करके मानसिक क्रिया ही कर लेता है तो सब पापों से मुक्त हो जाता है। प्रत्येक वर्णों के लिए अलग-अलग कर्म योग का वर्णन होता है। परंतु उन पूर्ण परमात्मा **सत्** + **चित्** + **आनंद** के लिए अपने आत्म-समर्पणीय भक्तों के सिवा कोई ऊँचा नहीं है। कहते हैं –

"कर्मयोगः किल प्रोक्तो वर्णानां द्विजपूर्वशः।
नाना विधो महाभागास्तत्र चैकं विशिष्यते॥
हरिभक्तिः कृता येन मनसा कर्मणा गिरा।
जितं तेन जितं तेन जितमेव न संशयः॥"

(पद्मपुराण से)

शास्त्रों में ब्राह्मणादि वर्णों के लिए निश्चय ही नाना प्रकार के कर्मयोग का वर्णन किया गया है; परंतु उनमें एक ही बात सबसे बढ़कर है। जिसने मन, वाणी और क्रिया के द्वारा श्रीहरि की (परमात्मा) भक्ति की है, उसने बाजी मार ली, उसने विजय प्राप्त कर ली, उसकी भक्ति सफल हो गई– इसमें तनिक भी संदेह नहीं है। कहाँ तक कहूँ –

"दर्शनात् स्पर्शनातस्य आलापादपि भक्तितः।
ब्रह्महत्यादिभिः पापैर्मुच्यते नात्र संशयः॥"

कहते हैं, ऐसे भक्त के दर्शन और स्पर्श से, उसके साथ वार्त्तालाप करने से तथा उसके प्रति भक्तिभाव रखने से मनुष्य ब्रह्म-हत्या तक आदि पापों से मुक्त हो जाता है– इसमें तनिक भी संदेह नहीं है।

"मूर्ख वा पण्डितं वापि ब्राह्मणं केशवप्रियम्।
श्वपाकं वा मोचयति नारायणः स्वयं प्रभुः॥"

चाहे वह मूर्ख हो या पंडित हो, ब्राह्मण हो या चांडाल, यदि वह भगवान् का प्यारा भक्त है तो स्वयं भगवान् नारायण उसे संकटों से छुड़ाते हैं, इसमें कोई भेद नहीं। सूतजी कहते हैं –

"स्वयं नारायणो देवः स्वनाम्नि जगतां गुरुः।
आत्मनोऽभ्यधिकां शक्तिं स्थापयामास सुव्रताः॥

अत्र ये विवदन्ते वा आयासलघुदर्शनात्।
फलानां गौरच्चापि ते यान्ति नरकं बहु॥"

हे उत्तम व्रत का पालन करनेवाले महर्षियो! जगद्गुरु भगवान् नारायण ने स्वयं ही अपने नाम में अपने से भी अधिक शक्ति स्थापित कर दी है। जो भक्ति में नाम का आधार लेकर परिश्रम तो थोड़ा होता है। किंतु फल भारी-से-भारी प्राप्त होता है— यह देखकर जो लोग इसकी (नाम की) महिमा के विषय में तर्क उपस्थित करते हैं, वे अनेको बार नरक में पड़ते हैं। नाम-जप करनेवाले को भगवान् अपनी छाती से लगाए रहते हैं। **(पद्मपुराण से)**

"कलियुग केवल नाम अधारा।
सुमिर-सुमिर नर उतरहि पारा॥
राम एक तापस तिय तारी।
नाम कोटि खल कुमति सुधारी॥
कहउ कहाँ लगि नाम बड़ाई।
राम न सकहि नाम गुन गाई॥"

आनेवाले समय में केवल नाम का ही आधार है, जिसके स्मरण से जीव इस संसार को भूलकर यानी तीनों **तापों** से मुक्त होकर जीवन-मरण से पार हो जाता है। आनेवाले समय का मेरा तात्पर्य यही है कि जिसके जीवन में भी आनेवाला समय था या है या होगा, वही है कलियुग। सुमिरन का अर्थ ध्यान करना है। यानी ध्यान करो, तुम्हारे अंदर भी वह नाम का स्पंदन हो रहा है, तुम्हारा काम है सिर्फ ध्यान से सुनना। जब ध्यान से सुनोगे तो अपने आप इस संसार से मन हट जाएगा और उन प्रभु में लग जाएगा। संत शिरोमणि तुलसीदासजी लिखते हैं—प्रभु राम ने अपने इस शरीर में रहते एक तपस्वी नारी (अहल्या) को तारा था, उनका उद्धार किया था; परंतु उस समय करोड़ों लोगों ने प्रभु के उस परम लघु नाम को जानकर अपनी कुमति को सुमति बनाया। उस नाम के प्रति भाव-विभोर होकर तुलसीदासजी कहते हैं— कहाँ तक उस नाम की बड़ाई करूँ, कि उस नाम को प्रदान करनेवाले राम ने भी उस नाम की महिमा को नहीं जानते और न ही उसके गुणों का बखान ही कर सकते हैं। जिन-जिन महापुरुषों ने जताया, इसी नाम (सोऽहं) को जताया। इसी नाम के ध्यान का भजन यानी अभ्यास करना है। जिस तरह शंकर भगवान्

ध्यान में भजन (अभ्यास) करते हैं। कहते हैं–

"औरउ एक गुपुत मत सबहि कहउँ कर जोरि।
संकर भजन बिना नर भगति न पाइव मोरि॥"

भगवान् राम कहते हैं कि जिस तरह शंकरजी उस ध्यान का भजन (अभ्यास) करते हैं। बिना उस भजन के मनुष्य मेरी भक्ति नहीं पा सकता। भगवान् राम कहते हैं–

"कहहु भगति पथ कवन प्रयासा।
जोग न मख जप तप उपवासा॥
सरल सुभाव नमन कुटिलाई।
जथा लाभ संतोष सदाई॥

किस प्रकार भक्ति का रास्ता समझाऊँ, उसमें न जोग करने की आवश्यकता, न यज्ञ, न जप, न तप और न ही उपवास रहने की आवश्यकता है। उसमें सरल सुभाव (सुंदर भाव) यानी सुंदर, पवित्र भावना हो, मन में कुटिलता न हो यानी छल न हो और जैसा लाभ हो, उसी में संतोष रखे तो भगति (भगवान् में गति) अपने आप हो जाएगी। तभी तो उस नाम की साधना पूर्ण होगी। *(रामचरितमानस से)* संसार के सभी धर्मों में हुए, सभी पूर्ण संतों-महात्माओं ने आदिकाल से प्रभु-प्राप्ति के एक ही अंतर्मुख साधन और मार्ग का प्रचार किया है। इसके विपरीत हर धर्म में ऐसी पुजारी श्रेणी दिखाई देती है, जो अनेक प्रकार के बाह्यमुखी कर्मकांड को ही सच्चा धर्म सिद्ध करने का यत्न करती है। हर धर्म के पंडित, पुजारी, मुल्ला, पादरी आदि जन्म-मरण, विवाह-शादी आदि के साथ अनेक प्रकार के धार्मिक कर्मकांड या रिवाज जोड़ देते हैं। वे लोगों के मन में यह विश्वास पैदा कर देते हैं कि जब तक उन पुजारियों द्वारा खास किस्म की धार्मिक रस्में पूरी नहीं की जाएँगी, लोगों के पारिवारिक, सामाजिक और धार्मिक कार्य पूरे नहीं होंगे। सामाजिक कार्य में धार्मिक कार्य जोड़ना चाहिए, परंतु इतना कि जितना अपने भारतीय संस्कृति से समाज जुड़ा रहे, अपने बड़े-बुजुर्गों और समाज की परंपरा को मान-सम्मान मिलता रहे और अन्य देशों की परंपराएँ हमारी संस्कृति पर हावी न हों। जैसे जन्मदिन मनाने की परंपरा खत्म करके बर्थ-डे मनाने की परंपरा शुरू कर दें। ये बाहरी कर्मकांड, बाहरी शोभा बढ़ाते हैं, बाहरी सफाई करते हैं और आंतरिक सफाई तो प्रभु नाम से होती है, जो स्वयं करनी होती है,

जो व्यक्ति विद्या प्राप्त करता है, वह अपने यत्न द्वारा करता है। संगीतकार वही बनता है, जो उस्ताद की शिक्षा के अनुसार खुद अभ्यास करता है। दौलत अपनी मेहनत से कमाई जाती है, ज्ञान अपने यत्न से प्राप्त किया जाता है। वैसे याद करने का अभ्यास अलग है, कंठस्थ करने का अभ्यास अलग है। स्नेह स्मृति अलग बात है। याद करने का अभ्यास तो हरेक मनुष्य स्वयं ही जन्म-जन्मांतर से करता ही आया है। जैसे एक बच्चा जब बहुत छोटा होता है तब उसका स्नेह-संबंध और स्मृति केवल अपने माता-पिता या बहन-भाई तक ही सीमित होती है। वह बार-बार केवल अपने माता-पिता को ही याद करता है, यहाँ तक कि दूसरा कोई व्यक्ति अगर उसे उठाने लगता है तो बच्चा रोने लगता है। जब फिर वह कुछ बड़ा होता है और खेलने-कूदने लगता है तो उसकी बुद्धि माता-पिता से हटकर दोस्तों में चली जाती है। जब वह और बड़ा होता है तो उसकी बुद्धि अपने दोस्तों के अतिरिक्त अपने सहपाठियों में भी जाने लगती है। जब पढ़ाई पूर्ण करता है और उसका विवाह होता है तो अब उसका मन स्त्री में अधिक जाता है और फिर उसके बच्चे हो जाते हैं तो उसका मन स्त्री से अधिक बच्चों में अधिक जाता है। इससे यह सिद्ध होता है कि एक की याद छोड़कर, दूसरे को याद करने का अभ्यास तो मनुष्य को जन्म-जन्मांतर से ही है। एक से संबंध को हलका करके दूसरे से घनिष्ठता जोड़ लेना तो वह बहुत अच्छी तरह जानता है। किसी भी मनुष्य के लिए अपनी बुद्धि को एक संबंधी से निकालकर दूसरे संबंधी में लगाने की तो टेव पड़ी हुई है।

अतः अब बुद्धि को परमात्मा की याद में लगाने की बात भला हमारे लिए मुश्किल कैसे हुई? माता-पिता, भाई-बहन, सखा-मित्र और शिक्षक आदि को याद करना तो स्वतः ही आ गया, उनकी ओर तो हमारा ध्यान स्नेह स्वयं ही जाता है। ईश्वर जो कि हमारे माता-पिता हैं उनको याद करने की हमें विधि चाहिए। यह कैसी अजीब बात है जैसे बच्चा अपनी बुद्धि अथवा याद को माता-पिता से निकालकर सहपाठियों या दोस्तों में लगाता है, या जैसे स्त्री अपने मन को माता-पिता की याद निकालकर अपने पति से मन (याद) लगाती है, वैसे ही हमें भी मन या बुद्धि को शरीर और शरीर के सगे-संबंधियों से मोड़कर अथवा स्थानांतरित करके एक विश्वात्मा प्रभु में लगाना है। इसमें क्या कठिनाई? कठिनाई

तो उसके लिए है जो परमात्मा को जानते ही नहीं, जिन्हें उनके दिव्य नाम, रूप, धाम और संबंध आदि का ज्ञान ही नहीं। जब हम महापुरुष के द्वारा उन परमेश्वर के संपूर्ण परिचय का ज्ञान हो गया है कि वह ज्योतिबिंदुस्वरूप, परमधाम निवासी सर्वगुणों में अनंत है, जब हम अपनी कर्मेंद्रियों को समेट कर स्वयं को देह से अलग करके आत्म निश्चय करके बैठें तो आत्मा को परमात्मा की स्वयमेव याद आएगी। जब तक हम स्वयं शरीर की स्थिति अथवा स्मृति में टिके रहेंगे, तब-तब हमें शरीर और शरीर के संसार अथवा संबंधियों की याद आएगी, परंतु जब हम स्वयं आत्म-निश्चय करेंगे तब तो स्वतः ही आत्मा के परमपिता, परम शिक्षक परम सद्गुरु परमात्मा की ही याद आएगी।

शरीर के संबंध में नाते-रिश्ते में मोह नहीं फँसना चाहिए, परंतु अपने कर्तव्यों को जरूर निभाएँ। मनुष्य शरीर के दुराचार से अपने को बचाकर रखे, अपने शरीर का संयम करे। दुराचार छोड़कर शरीर के सदाचार का पालन करे। वाणी के दुराचार से मनुष्य अपने को बचाए। अपनी वाणी पर संयम बरते। मन के दुराचार को तुरंत भगाए, अपने मन पर संयम रखे। मन के दुराचार को छोड़ने पर सारे दुराचार स्वतः भाग जाते हैं। जो बुद्धिमान लोग शरीर को संयम में रखते हैं, वाणी को संयम में रखते हैं, मन को संयम में रखते हैं उनके जीवन की चादर साफ-सुथरी होती है, फिर जो रंग चढ़ाना चाहो चढ़ सकता है। वे ही सही ब्रह्मचारी होते हैं। जब आप मन के द्वारा पूजन करने से, माथा टेकने से, अपने इष्ट स्मरण (याद) करके उनसे विनती करके पूजा का फल चाहते हैं और मिलता भी है, क्योंकि इष्ट सामने हो या न हो, परंतु आपका मन तो इष्ट को समर्पित होता है और स्वयं साफ-सुथरे हो जाते हैं, पवित्र हो जाते हैं। इसी तरह जब आपका मन इसके विपरीत दिशा में जाता है, किसी को देखकर कलुषता बढ़ती है, मन में बेईमानी की भावना आती है तो इसका भी फल मिलता है। तृष्णा की नदियाँ मनुष्य को बहुत प्यारी और मनोहर लगती हैं। जो इसमें नहाकर सुख खोजते हैं, उन्हें बार-बार जीवन-मरण के चक्कर में पड़ना पड़ता है। जिस मनुष्य में सत्य है, धर्म है, अहिंसा है, संयम है वह अपनी कलुषित इंद्रियों का दमन कर सकता है। बहुत बोलने से श्लोकों को रटने से कोई पंडित नहीं होता। अगर ऐसा होता तो कोई कभी मंदिरों में दुराचार की घटनाएँ न होतीं। जो

दूसरों का कल्याण करता है, अपनी आत्मा का कल्याण करता है, किसी से वैर नहीं रखता और सच कहने से डरता नहीं, जिसकी इंद्रियाँ मन के वश में हैं और मन बुद्धि के वश में है और बुद्धि आत्मा से संचालित होती है; जिसमें अभिमान न रह गया हो, ऐसे अर्हत की देवता भी चाह करते हैं वही पंडित है, वही **ब्राह्मण** है, जिसमें **ब्रह्म रमण** करता है।

न जटाहि च गोत्तेहि न जच्चा होति ब्राह्मणो।
यम्हि सच्चं च धम्मो च सो सुची सो च ब्राह्मणो॥

ब्राह्मण न जटा रखने से होता है, न गोत्र से होता है और न जन्म से होता है। जिसमें सत्य है, धर्म है और जो पवित्र है वही ब्राह्मण है।

अरे खल! जटाओं से क्या वेद टपकते हैं? अंदर तो तेरा हृदय अंधकारमय है, काला है, ऊपर से क्या धोता है?

अकिंचनं अनादानं तमहं बूमि ब्राह्मणम्।

जो अकिंचन है, किसी तरह का परिग्रह नहीं रखता; जो त्यागी है, उसे जितना मिले उसी में संतोष रखता है, मैं उसी को ब्राह्मण कहता हूँ। कमल के पत्ते पर जिस तरह पानी अलिप्त रहता है उसी तरह मानव भोगों से अलिप्त रहता है, उसी को मैं ब्राह्मण कहता हूँ। चर -अचर किसी प्राणी को जो दंड नहीं देता, न किसी को मारता है, न किसी को मारने की प्रेरणा देता है, उसी को मैं ब्राह्मण कहता हूँ। जो आदमी हजारों आदमियों को युद्ध में जीत ले वह वीर पुरुष है, जो आदमी अपने आपको जीत ले वही महावीर है, वही धर्मात्मा है।

महावीर प्रसाद द्विवेदी हिंदी के प्रकांड लेखकों में से एक थे, ब्राह्मण थे। एक बार उनके गाँव में किसी हरिजन व्यक्ति को साँप ने डस लिया। उधर से द्विवेदी जी आ रहे थे। उन्होंने देखा तो तुरंत अपना जनेऊ तोड़ कर उससे हरिजन के उस अंग को कसकर बाँध दिया, जहाँ साँप ने डसा था। लोग चौंक पड़े। एक तो जनेऊ पवित्र, फिर कोई ब्राह्मण उसे तोड़कर हरिजन को बाँधे, यह बात तो लोग सोच भी नहीं पाते थे। बाद में कई ब्राह्मणों ने उनका विरोध किया, उन्हें अपने समाज से बहिष्कृत करने की धमकी तक दे डाली; परंतु वे आनेवाले समय के महापुरुष थे। वे आत्म-तत्त्व को जाननेवाले थे। वे ब्रह्म को जाननेवाले ब्राह्मण थे।

"घट-घट में तोरा साईं रमत है।"

इस बात को वे जानते थे, इसलिए उन्होंने ऐन मौके पर उस पीड़ित

के प्राण बचाकर अपने को धन्य माना और हिंदी के निर्माता बने। जिस मानव में सत्य, शम, दम, धैर्य, स्थिरता, अनालस्य, अनाश्चर्य, निर्लोभ और समता जैसे गुण हैं, उसमें सारा विश्व ही प्रतिष्ठित है। ऐसा व्यक्ति करोड़ों कुलों का उद्धार कर लेता है। आगे आनेवाली पीढ़ियाँ सब उसी के नाम से जानी जाती हैं और यहाँ तक कि पीछे की भी पीढ़ियों के नामवाले अपने को कहते हैं कि मैं उस वंश का हूँ जिसमें उन महापुरुष का जन्म हुआ था। जैसे विश्वामित्र क्षत्रिय वंश के थे, परंतु अपने तपोबल से राजर्षि से ब्रह्मर्षि कहलाए, उनके बाद में उनके कुल के सभी 'कौशिक' कहलाए। बाद में सभी ब्राह्मण कहलाए, परंतु कुछ लोग अपने को क्षत्रिय ही कहलाने में अपनी शान दिखाते रहे, जो विश्वामित्र के प्रपितामह **कुश** के पुत्र कुशनाभ के आदि नामों से **कुशवा** या **कुशवाहा** आदि कहलाए।

"प्रजापति सुतस्त्वासीत् कुशो नाम महीपतिः।
कुशस्य पुत्रो बलवान् कुशनाभ सुधार्मिक॥18॥
कुशनाभसुतस्त्वासीद् गाधिरित्येव विश्रुतः।
गाधेः पुत्रो महातेजा विश्वामित्रो महामुनिः॥19॥

(वाल्मीकीय रामायण से)

प्राचीन काल में कुश नाम से प्रसिद्ध एक राजा हुए हैं। वे प्रजापति के पुत्र थे। कुश के बलवान पुत्र का नाम कुशनाभ हुआ। वह बड़ा धर्मात्मा था। **कुशनाभ** के पुत्र **गाधि** नाम से विख्यात थे। उन्हीं गाधि के महातेजस्वी पुत्र थे महामुनि विश्वामित्र, जिनके सत्कर्म करने से करोड़ों कुलों का उद्धार हुआ, और संसार में अमर हो गए। सत्य के बल से ही वे क्षत्रिय से ब्राह्मण कहलाए। इसीलिए कहते हैं कि सत्य से सारा संसार टिका हुआ है।

सत्यपूतां वदेद् वाणीं मनःपूतं समाचरेत्।

सत्य से पवित्र वाणी बोलनी चाहिए। जो मन से पवित्र जान पड़े, उसी का आचरण करना चाहिए।

"सत्येनार्कः प्रतपति सत्ये तिष्ठति मेदनी।
सत्यं चोक्तं परो धर्मः स्वर्गः सत्ये प्रतिष्ठितः॥
अश्वमेधसहस्रं च सत्यं च तुलया धृतम्।
अश्वमेघसहस्रादि सत्यमेव विशिष्यते॥"

सत्य से ही सूर्य तप रहा है, सत्य पर ही पृथ्वी टिकी है। सत्य से

बड़ा कोई धर्म नहीं, सत्य पर ही स्वर्ग प्रतिष्ठित है। तराजू के एक पलड़े पर यदि हजार अश्वमेध यज्ञों को रखें और दूसरे पर सत्य को रखें, तो पलड़ा सत्य का ही भारी पड़ेगा। जो मनुष्य सत्य का आधार बनाकर कर्म करता है, सत्य को जानकर कर्मयोग के द्वारा अपने मन को सत्य में प्रवाहित करके, यानी सत्य व्यावहारिकता में लाकर जो ब्रह्म को पाने की लालसा रखता है, वाणी ऐसी बोलता है, जिससे सत्य की रक्षा हो,

वह मानव **जोइ पिंडे सोई ब्रह्मांडे** के यथार्थ को सत्य करता है अर्थात् वह पिंड से अनंत तक की प्राप्ति करता है। परंतु आरंभ की एक साधना करके मनुष्य पर गर्व आ जाता है। मानव को अपने किसी गुण पर गर्व करना चाहिए, उसे अहंकारी नहीं होना चाहिए। अहंकार भगवान् का आहार है, भगवान् उस अहंकार को समाप्त कर अपने भक्त को स्वच्छ साफ-सुथरा बना देते हैं। मानव को चाहिए कि घमंड की पर्त स्वयं पर न चढ़ने दे नहीं तो आपको कष्ट होगा। जिस तरह बालक मिट्टी, धूल में खेलता रहता है। उसकी माँ उसे डाँटती है, परंतु वो खेलकर गंदा हो जाता है तब स्नान कराते समय माँ उसे रगड़-रगड़कर उसका मैल धोती है, साफ करती है और वह बालक रोता है, तब माँ कहती है – मैंने मना किया था कि गंदगी में मत खेलो, अब रोता है। इसी तरह वह परमात्मा अपने भक्त के अवगुणों को साफ करके उसे स्वच्छ बनाता है तो उसमें उसे कुछ-न-कुछ कष्ट तो होता ही है। कर्म के भीतर भविष्य का बीज समाया होता है संसार कर्म की खेती है, कोई सत्य को पकड़कर खेती करता है तो कोई असत्य को। इसमें जैसा बोते हैं, वैसा फल प्राप्त होता है। परमात्मा का ये अटल सिद्धांत है, जो जैसा करेगा वैसा भरेगा। जितना ज्यादा मैल अपने से लपेटेगा उतना ही साफ करने में कष्ट होगा। जो कर्म मनुष्य करता है, उसके बीज रूपी संस्कार चित्त पर अंकित हो जाते हैं। जीवात्मा शरीर छोड़ने के बाद उन संस्कारों को साथ ले जाती है और उसी के आधार पर उसका पुनर्जन्म होता है। आत्मा उन्हीं कर्मफलों का बोझ उठाए, अनेक जन्मों के चक्र में घूमती रहती है। भारतीय संस्कृति पुनर्जन्म को मानती है। मानव योनि में किए हुए बुरे कर्मों का फल भोगने के लिए अनेक प्रकार की योनियों में जन्म लेना पड़ता है। मनुष्य का स्वभाव है कि वह हमेशा ही दूसरों के दोष देखता है, लेकिन जो भी हम दुःख भोग रहे हैं, वह हमारे कर्मों का फल है। कुछ कर्म ऐसे होते हैं,

जो फल देकर तुरंत खत्म हो जाते हैं; लेकिन कुछ कर्म ऐसे भी होते हैं जो आपके खाते में जुड़ जाते हैं। कर्मों में जो अच्छे कर्म हैं वे अच्छा फल देंगे और जो बुरे कर्म हैं वे बुरा फल देते हैं, जो हमें कतई पसंद नहीं है और जो पसंद नहीं, वही कष्टकारक है। कर्मों के तीन स्वरूप हैं – कर्म, अकर्म, विकर्म। विकर्म वह कर्म है जो विपरीत है अर्थात् शास्त्र-निषिद्ध है। शास्त्र में जिसका निषेध है। वह कर्म अगर आपने किया, तो उसका सीधा फल दुःख भोगना ही है। एक कर्म है, जो शास्त्रविदित है। वह अच्छा फल देने के लिए है। एक कर्म अकर्म है, जो किया नहीं जाता, स्वयं हो जाता है– अर्थात् जिसे कर्म बंधन में नहीं रखा गया है। आपसे कर्म हुआ लेकिन आपको बंधन में नहीं डालते। अभिप्राय यह है कि आप कर्म जरूर करें, पर उसकी सजा से बच जाएँ, कर्म करते जाएँ, संसार में रहें, संसार के रिश्ते-नाते निबाहें लेकिन उसमें फँसे नहीं, वह अधर्म है। क्रिया की प्रतिक्रिया तो जरूर होती है पर उस प्रतिक्रिया से बचने की विधि जरूर सीखनी चाहिए, यानी संसार के बंधन से मुक्ति। जैसे हमें किसी की याद आ गई और हम फँस गए बंधन में और भूल जाते हैं उस परम पिता परमात्मा को। जब हमारी बुद्धि में इस प्रकार की स्मृति होगी – "मैं आत्मा हूँ और परमात्मा की संतान हूँ और ये सारे बंधन जन्म के कर्म से हैं, स्वयं से नहीं हैं। अगर मेरा जन्म न होता तो यह बंधन न होता, मेरे जन्म से ही ये रिश्ते-नातों का भी जन्म हुआ है और इन रिश्ते-नातों को इसी शरीर को ही निभाने दो, आप इस झमेले में क्यों पड़ते हो।

"कर से कर्म करो बिधि नाना।
मन राखो जह कृपानिधाना॥"

शुरू-शुरू में ईश्वरीय स्मृति के अभ्यास के समय व्यर्थ संकल्प आएँगे, क्योंकि जन्म-जन्मांतर से मन हमारा भटका हुआ है, निरंकुश हो चुका है और उसे इधर-उधर भटकने का अभ्यास हो चुका है। परंतु हम यदि उपर्युक्त रीति से परमात्मा को याद करेंगे तो वे संकल्प टल जाएँगे। इससे स्वतः ही हमारे दूसरे संकल्प रुक जाएँगे और कुछ अभ्यास के बाद हमारी स्मृति स्वाभाविक और निर्विघ्न तथा निर्विकल्प होती जाएगी। अगर उस परमेश्वर को पाना है तो मन को सूक्ष्म करो, सूक्ष्मतर करो कि मन मिट जाए। मन को सूक्ष्म साफ करते जाओ। मैं का भाव जितना क्षीण हो जाए उतना आपका परमेश्वर आपके पास होगा, यह जो मैं का परदा है,

यह जो मन का परदा है आप जितना धोएँगे उतना साफ होगा, तो उतनी ही अच्छी झलक भगवान् की देखने को मिलेगी। लोग कहते हैं, ईश्वर कहाँ हैं? ईश्वर का क्या प्रमाण है? और अपने मन की आँखें खोलते नहीं। जब आँखें नहीं खोलोगे तो ईश्वर को क्या खाक जानोगे। ईश्वर तो परम शक्ति है, ईश्वर से तो तुम प्रमाणित हो रहे हो, अगर संसार में किसी का प्रमाण है तो ईश्वर है, ईश्वर तो परम प्रकाश है। परंतु वह प्रकाश आँख खोलने पर दिखाई देता है। परंतु प्रकाश अंतर्दृष्टि होने पर दिखाई देता है परंतु उन्हें नहीं दिखेगा, जैसे उल्लू (एक पक्षी) को सूर्य नहीं दिखाई देता।

एक वट वृक्ष या उस पर एक उल्लू अपने परिवार सहित रहता था। उसके दो बच्चे थे, जो घर पर ही रहते थे। वे अभी अच्छी तरह उड़ नहीं पाते थे। उल्लू रात्रि होते ही अपनी पत्नी के साथ भोजन की खोज में निकल जाता था। सूर्य उदय होने से पहले ही अपने बच्चों के लिए भी भोजन लेकर वापस लौट आता था। इसी तरह उसके जीवन की रात्रिचर्या चल रही थी कि एक दिन सूर्य अस्त के चार घड़ी के बाद एक हंस काफी थका हुआ उसी वट वृक्ष पर आ गया। वह काफी समय से इधर-उधर अपने विश्राम के लिए जगह ढूँढ़ रहा था। कुछ देर आराम करने के बाद वह चैन की साँस ले पाया। तभी उसने देखा कि ठीक उसी के सामने एक घोंसला है, उसमें दो बच्चे बारी-बारी से उसे देखकर चले जाते हैं जैसे वे हंस को देखकर डर रहे हों। तभी हंस ने अपनी मधुर वाणी से कहा– बालक, तुम बार-बार मुझे देखकर क्यों छुप जाते हो, मेरे पास आओ। तो उनमें से एक ने कहा कि आप इतने बड़े पक्षी कौन हैं, कहाँ से आए हो? मैंने तो पहले कभी आपको यहाँ नहीं देखा। हंस ने कहा – बालक, आज मैं भोजन की खोज में काफी दूर निकल आया था और घर वापस जाते-जाते अँधेरा हो गया, रात्रि हो गई। सूर्य अस्त हो गया, इसलिए आज रात्रि में इसी वृक्ष पर निवास करूँगा, कल प्रातः ही सूर्य उदय होने पर चला जाऊँगा। यहाँ पर भोजन काफी है। इतना कहकर हंस चुप हो गया तो उस उल्लू के बच्चे ने फिर पूछा – आप इतने बड़े सफेद-सफेद कौन हैं? मुझे तो देखकर डर लग रहा है और आपने कहा कि सूर्य उदय होने पर चला जाऊँगा, तो यह सूर्य क्या होता है, कैसे उदय होता है और कैसे अस्त होता है, जिसके अस्त होने पर आप यहाँ आ गए?

हंस ने कहा– डरो नहीं बच्चो, मैं काफी दूर से आया हूँ, थक गया था और मेरा नाम हंस है। और अब अँधेरा हो गया है, सूर्य अस्त हो गया है। सूर्य उदय होने पर प्रकाश होता है उस प्रकाश से सभी को दिखाई देने लगता है और उस प्रकाश से सारा संसार चलता है और वह प्रकाश सूर्य से होता है उसके अस्त होने पर अँधेरा हो जाता है। कल फिर सूर्य उदय होगा, फिर मैं चला जाऊँगा। हंस की प्रिय वाणी सुनकर दोनों बच्चे खुश हो गए और कहा कि आप कल फिर आना।

थोड़ी देर के बाद हंस सो गया और प्रातः होते ही चला गया। उसके जाने के बाद उल्लू अपनी पत्नी के साथ अपने बच्चों के पास आ गया। जो भोजन वे लोग चुनकर लाए थे, उसे उन बच्चों को खिलाया। भोजन खाने के उपरांत उनके बच्चों ने बताया कि एक बहुत बड़ा पक्षी आया था। वह सफेद रंग का था। उसका नाम हंस था। वह कह रहा था जब सूर्य उदय होगा तब मैं चला जाऊँगा। अभी अँधेरा है। जब सूर्य का प्रकाश होगा तो उससे संसार के सारे कार्य चलते हैं– तो पिताजी, ये सूर्य क्या होता है और प्रकाश क्या होता है?

तब उल्लू ने अपनी आँखों की पुतलियों को घुमाते हुए कहा– कि बेटा वह जो हंस था ऐसा पक्षी मैंने कभी देखा ही नहीं, वह जरूर कोई बहुरूपिया होगा। उसके चक्कर में मत फँसना। वह जरूर कोई फरेबी होगा, क्योंकि सूर्य होता ही नहीं है तो प्रकाश क्या होगा। इस तरह अपने बच्चों को समझाकर फिर पूरा परिवार सो गया और रात्रि में फिर दाना-पानी के लिए उल्लू अपनी पत्नी के साथ निकल गया।

रात्रि में विश्राम के लिए फिर हंस आ गया, क्योंकि उल्लू के बच्चों ने कहा था कि आप आना। हंस ने उल्लू के घोंसले के पास बैठकर आवाज दी तो कोई भी बच्चा बाहर नहीं निकला। हंस को आश्चर्य हुआ कि कल यहीं बच्चों ने बुलाया था, आज बोल भी नहीं रहे हैं। हंस के कई बार आवाज देने पर बच्चे घोंसले के अंदर से ही बोले– हम आपसे बात नहीं करेंगे क्योंकि आप झूठ कहते हैं कि सूर्य होता है और प्रकाश होता है। मेरे पिताजी कह रहे थे कि सूर्य होता ही नहीं है। मैंने कभी सूर्य देखा ही नहीं है– जब मेरे पिताजी ने कभी सूर्य देखा ही नहीं, आप झूठ बोलते हैं। आप जरूर कोई फरेबी पक्षी हैं। मैं आपसे बात नहीं करता। कहकर बच्चे चुप हो गए।

हंस गंभीर हो गया। विचार करने लगा कि बच्चे ऐसा क्यों बोल रहे हैं। फिर निष्कर्ष जान लेने के पश्चात् हंस हँसने लगा। उसने सोचा, बेचारे इन उल्लुओं का क्या दोष, वास्तव में इन्हें दिन में दिखाई ही नहीं देता तो सूर्य क्या देखेंगे, क्या प्रकाश जानेंगे। अरे, इन उल्लुओं से प्रकाश परमप्रकाश या ब्रह्मप्रकाश की बात करना ही व्यर्थ है।

कहने का अभिप्राय यह है कि जो ज्ञान का अधिकारी हो, अर्थात् जो ज्ञान को समझ सके उसके सामने ज्ञान की बातें करनी चाहिए, अन्यथा वह स्वयं उपहास का कारण बनता है। उसका चित्त अशांत हो जाता है और अशांत चित्त अपने प्रभु से दूर होता जाता है। इसलिए ज्ञान की बातें, प्रवचन, हरि-चर्चा उपयुक्त समय पर करनी चाहिए। संग का भी मनुष्य के मन पर प्रभाव पड़ता है।

संग दोष बहुत बड़ा दोष माना गया है। अतः हमें चाहिए कि जो लोग ज्ञान की चर्चा करनेवाले हों, योगाभ्यास में रुचि रखते हों, भक्ति की धारा में बहनेवाले हों, प्रभु प्रेमी हो और सात्त्विकता की ओर बढ़ने की चाह रखनेवाले हों, उनसे ही संपर्क रखना चाहिए। लोगों से जो कार्य व्यवहार करना आवश्यक हो वह तो करे, परंतु उनकी गंदी चर्चा या व्यर्थ बातों में रुचि न ले, बल्कि अपने मन का संग सत्य स्वरूप परमेश्वर में बनाए रखे, वरना योग में बैठने पर भी दिन भर की सुनी हुई खराब बातें योगाभ्यास में विघ्न डालेंगी। योग में उच्च स्थिति प्राप्त करने के लिए भी जरूरी है कि दिन भर कार्य-व्यवहार में लगे होने पर भी बीच-बीच में समय निकालकर आत्मस्वरूप में एकटिक होना चाहिए और परमपिता परमात्मा की स्मृति का अभ्यास करना चाहिए। हम संसार में देखते हैं कि अगर डॉक्टर किसी रोगी को कहता है कि तुम हर तीन घंटे के बाद यह दवाई लेना, तो वह अत्यावश्यक कार्य में व्यस्त क्यों न हो, तो भी रोग से निवृत्त होने की इच्छा से डॉक्टर की आज्ञा का पालन करता है। इसी प्रकार हम जन्म-जन्मांतर के मनोविकारों रूपी रोगों से छुटकारा पाना चाहते हैं तो हमें भी बार-बार हर घंटे-दो-घंटे में कम-से-कम पाँच मिनट तो परमात्मा की स्मृति में स्थित होने का अभ्यास करना ही चाहिए। यदि हम बार-बार योग में स्थित होने का अभ्यास नहीं करेंगे तो भगवान् का निरंतर स्मरण का अभ्यास कैसे होगा, अगर अभ्यास नहीं होगा तो विकारों से निवृत्ति कैसे मिलेगी। व्यक्ति कितना भी ज्ञानी हो, जानकार हो, परंतु

जब तक ज्ञान का प्रयोग नहीं करता तब तक संसार से निवृत्ति नहीं मिलती और वह मोह, अहंकार और ईर्ष्या में डूबा रहता है, चाहे जितना बड़ा पंडित, ब्राह्मण क्यों न हो। एक बार सभी लोग एकत्रित होकर गौतम मुनि की आज्ञा से यज्ञ करने लगे। उनमें अनेक ऋषि-मुनि और ब्राह्मण सम्मिलित थे। वहाँ उपस्थित मुनियों की स्त्रियाँ वस्त्राभूषण धारण करने के कारण ऐसी शोभा पा रही थीं, मानो देवांगनाएँ हों साथ ही वस्त्र, चंदन और भूषणों से अलंकृत ब्राह्मणगण भी इंद्र जैसे प्रतीत हो रहे थे। उस समय गौतमजी के आश्रम पर नित्य उत्सव मनाया जाता रहा था, न किसी को रोग था, न कोई राक्षसी भय से पीड़ित था। वह आश्रम सौ-सौ योजन के विस्तार में था। वहाँ पर अन्य भी बहुत से प्राणी आए और आत्मज्ञानी मुनिवर गौतमजी ने सभी को अभय प्रदान करके उनके भरण-पोषण की व्यवस्था कर दी। अनेक प्रकार से महान् यज्ञ, ज्ञान-चर्चा, प्रवचन आदि संपन्न होने लगे, जिससे मानव, देवता, ऋषि-मुनि, भक्त आदि संतुष्ट हो गए उन्होंने गौतम मुनि के ज्ञान और यश की पर्याप्त प्रशंसा की। महान् यशस्वी इंद्र भी अपनी सभा में यह श्लोक कहा –

"अहो अयं नः किल कल्पपादपो मनोरथान् पूरयति प्रतिष्ठितः।
नोचेदकाण्डे क हविर्वपा वा सुदुर्लभा यत्र तु जीवनाशा॥"

(देवी भागवत से)

अहो, यह गौतम मुनि हम लोगों के लिए इस समय स्वयं कल्पवृक्ष ही बन गए हैं। तभी तो इन महाभाग के द्वारा हमारे सभी मनोरथ पूर्ण हो रहे हैं। अन्यथा इस दुष्काल में, जबकि जीने की आशा भी अत्यंत क्षीण थी, हमारे लिए कौन **हवि** प्रदान करता? इस प्रकार मुनिवर गौतम बारह वर्षों तक श्रेष्ठ मुनियों के भरण-पोषण की व्यवस्था करते रहे। वे पुत्र समान सबकी सार-सँभाल करते थे। तथापि उनके मन में अभिमान की गंध तक न थी। उनकी प्रसन्नता चारों तरफ फैली थी। एक बार नारदजी उनके आश्रम में आए। गौतम आदि ऋषियों ने नारदजी का विधिवत् स्वागत किया। तदनंतर नारदजी गौतम के यश संबंधी विविध प्रसंगों का वर्णन करने लगे। उन्होंने कहा– मैं देव सभा में गया था। वहाँ देवराज इंद्र ने आपका यश गाया है। उनका कथन है– कि आपने मुनियों, ब्राह्मणों, देवताओं का भरण-पोषण करके विशाल निर्मल यश प्राप्त किया है। मुनिवर गौतमजी! शचीपति इंद्र की बात सुनकर तुम्हें देखने के लिए

मैं यहाँ आ गया। भगवती जगदंबा के कृपा-प्रसाद से तुम धन्यवाद के पात्र बन गए हो। मुनिवर गौतमजी से इस प्रकार कहकर नारदजी गायत्री सदन में गए।

उस समय वहाँ जितने ब्राह्मण थे, मुनि द्वारा ही उन सबके भरण-पोषण की व्यवस्था होती थी, परंतु उनमें से कुछ कृतघ्न ब्राह्मण गौतम के इस उत्कर्ष को सुनकर **ईर्ष्या** से जल उठे। उन्होंने **द्वेषवश** निश्चय किया कि जिस किसी प्रकार से हमें सर्वथा वही प्रयत्न करना चाहिए, जिससे उनकी (गौतम) ख्याति न बढ़े। उन लोगों ने इस प्रकार का निश्चित विचार किया। तदनंतर कुछ दिनों बाद धरातल पर वृष्टि भी होने लगी। अब संपूर्ण देशों में सुभिक्ष की बातें सुनाई पड़ने लगीं। उसे सुनकर वे ब्राह्मण एकत्र हुए और उन्होंने गौतमजी को शाप देने का विचार किया। और उन कृतघ्न ब्राह्मणों ने एक जीर्ण-शीर्ण गाय उनकी यज्ञशाला में पहुँचा दी, जो मरने वाली थी। उस समय मुनि गौतम हवन कर रहे थे, उसी क्षण वह गौ वहाँ पहुँची। गौतम ने **हुं-हुं** इन शब्दों से उसे वरण किया। इतने में ही उसके प्राण निकल गए। फिर तो उन ब्राह्मणों ने यह हल्ला मचा दिया कि इस दुष्ट गौतम ने गाय की हत्या कर दी है। मुनिवर गौतमजी भी हवन समाप्त करने के पश्चात् अत्यंत आश्चर्य करने लगे। वे आँखें मूँदकर समाधि में स्थित होकर गाय के मरने के कारण पर विचार करने लगे। उन्हें तुरंत पता लग गया कि यह सब इन ब्राह्मणों की ही करतूत है। उनके मन में इतना क्रोध हुआ मानो प्रलयकालीन रुद्र हो। उनकी आँखें लाल हो गईं और उन द्वेष करनेवाले संपूर्ण ब्राह्मणों को उन्होंने शाप दे दिया—

'अरे अधम ब्राह्मणो! तुम लोग अहंकार और ईर्ष्या में इतने डूबे हो कि एक गाय की हत्या कर दी, इतने वर्षों से जो ध्यान और उसके मंत्रजप सब दिखावा कर रहे थे, अधमो! इस ध्यान, योग, मंत्रजप के सर्वथा अनधिकारी हो जाओ। वेद-वेदोक्त या तथा वेद की वार्त्ताओं से तुम अधम ब्राह्मणों का सर्वदा अनधिकार हो जाए। ब्रह्म ज्ञान, शिव उपासना, शिवमंत्र का जप और शिव संबंधी शास्त्र के अध्ययन के लिए भी तुम अधम ब्राह्मण सदा अनधिकारी हो जाओ। मूल प्रकृति भगवती देवीश्री के ध्यान तथा उनकी कथा के श्रवण में तुम्हारा अधिकार नहीं होगा, जिससे तुम सदा नीच श्रेणी के ब्राह्मण समझे जाओगे। देवी के मंत्र, देवी के

स्थान और उनके अनुष्ठान कर्म में तुम्हारा अनधिकार होगा, अतएव तुम सदा अधम समझे जाओगे। तुम्हें शिवभक्तों का सम्मान करने का कोई अधिकार नहीं होगा, जिससे तुम सदा अधम ब्राह्मण गिने जाओगे। रुद्राक्ष, बिल्वपत्र और शुद्ध भस्म धारण करने से तुम वंचित होकर सदा अधम ब्राह्मण होकर जीवन व्यतीत करोगे। श्रौत-स्मार्त संबंधी सदाचार तथा ज्ञान मार्ग में तुम्हारी गति नहीं होगी; अतः तुम सदा अधम ब्राह्मण समझे जाओगे। अद्वैत ज्ञाननिष्ठा एवं शम-दम नित्यकर्म तथा अग्निहोत्र, स्वाध्यायाध्ययन तथा प्रवचन से उन्मुख होकर सर्वदा अधम जीवन व्यतीत करो। गौ आदि दान और पितरों के श्राद्ध से अरे ब्राह्मणधमो, तुम विमुख हो जाओ। अधम ब्राह्मण! कृच्छू चांद्रायण तथा प्रायश्चित्त व्रत में तुम्हारा सदा के लिए अनधिकार हो जाए। पिता, माता, पुत्र, भ्राता, कन्या और भार्या का विक्रय करनेवाले व्यक्ति होकर तुम्हें नीच ब्राह्मण होने का अवसर मिले। तुम वेद बेचनेवाले तथा तीर्थस्थानों में धर्म बेचनेवाले नीच व्यक्ति बन जाओ। यहाँ तक मैं तुम्हें शाप देता हूँ कि तुम्हारे वंश में उत्पन्न स्त्री तथा पुरुष मेरे दिए हुए शाप से दग्ध होकर तुम्हारे ही समान हो जाएँ। इससे ज्यादा तुम्हें और क्या शाप दूँ, किसी भी देवता की स्तुति का भी फल तुम्हें न मिले। इसके बाद मुनिवर गौतमजी गायत्री माता को प्रणाम करके अपने आश्रम को चलने लगे। तभी सभी ब्राह्मण वेद विद्या, ब्रह्मज्ञान से शून्य हो गए। गायत्री मंत्र भी उनके लिए अनभ्यस्त हो गया। वहाँ एक बार अत्यंत भयानक दृश्य उनके सामने उपस्थित हो गया। वे सब एक होकर पश्चात्ताप करने लगे। फिर उन लोगों ने मुनि के सामने दंड की भाँति पृथ्वी पर पड़कर उन्हें प्रणाम किया। लज्जा के कारण उनके सिर झुके हुए थे और वे कुछ कहने में असमर्थ थे। वे बार-बार यही कह रहे थे– मुनिवर, प्रसन्न होइए! प्रसन्न होइए! प्रसन्न होइए! जब मुनिवर वे प्रार्थना करने लगे, तब दयालु मुनि का हृदय करुणा से भर गया। उन्होंने उन नीच ब्राह्मणों से कहा –ब्राह्मण! जब तक भगवान् श्रीकृष्ण का अवतार नहीं होगा, तब तक तुम्हें कुंभीपाक नरक में अवश्य रहना पड़ेगा, क्योंकि मेरा वचन मिथ्या नहीं होगा, यह तुम्हें समझ लेना होगा। इसके बाद भूमंडल पर कलियुग में तुम लोगों का जन्म होगा। मेरी कही हुई सभी बातें सत्य होंगी। ये अन्यथा नहीं हो सकतीं। यदि इसके बाद तुम शाप से मुक्त होना चाहते हो तो भगवती गायत्री का स्मरण करते रहो।

तुम्हारा भला होगा (ये दृष्टांत देवी भागवत से लिया गया)। यही कारण है कि श्रीकृष्ण के परमधाम पधार जाने पर कलियुग का आगमन हुआ और वे ब्राह्मण कुंभीपाक नरक से निकलकर आए और भूमंडल पर उनकी उत्पत्ति हुई और वे भक्ति से विमुख होकर ब्राह्मण में उनका जन्म हुआ और इस शाप के प्रभाव से वेद, भक्ति में उनकी श्रद्धा नहीं रही। वे धर्म के कर्म को अपनी जीविका चलाने लगे। जगह-जगह वे दंडित भी होने लगे। बहुत से लंपट ऐसे भी हैं, जो अत्यंत दुराचारी होकर, पर-स्त्रियों के साथ कुत्सित व्यवहार करने के कारण अपने घृणित कर्म के प्रभाव से वे पुनः कुंभीपाक नरक में जाएँगे। ऐसे ब्राह्मण लोगों को कलियुग में भरमावेंगे और अपने साथ दूसरों को भी ले डूबेंगे।

"वेद पुरान पंडित बाँचै, करता अपनी दूकान है जी।
अरथ को बूझि टीका करै, माया से मन विकान है जी॥
औरन को परमोध करै, खाली अपना मकान है जी।
पलटू कागद में खोजत है, साहिब कहीं लुकान है जी॥

(पलटू साहब की वाणी, भाग-2, पृ. 57)

"ऐसे पंडित जाल बिछाई।
कोई जीव बचै न पाई॥
अज्ञानी को बरत बतावा।
ज्ञानी को पोथी समझावा॥
अस-अस पंडित डारी जात।
तासे न उतरै भौ के पारा॥

(घट रामायण, भाग-1, पृ. 17)

पंडित और समझै नहिं काजी।
ये सब झूठ काल में राजी॥
इनकी बात न चित पर दीजै।
ये सब पाप-पुण्य में भीजै॥

(घट रामायण, भाग-2, पृ. 52)

कलियुग में ऐसे ब्राह्मण, पंडित श्रेष्ठ ज्ञानी माने जाएँगे और उन्हीं की पूजा होगी, जो ठगते होंगे। और जो अध्यात्म व भक्ति की बातें करेंगे उन्हें कोई-कोई ही पसंद करेगा। साधु-साधक-संतों की वाणी का उपहास

उड़ाया जाएगा। आकार और साकार की लोग निंदा करने से नहीं चूकेंगे। धर्म पुस्तकों की टीका अपने-अपने फायदे के अनुसार कर लेंगे। धर्म की तोड़-मोड़कर की गई व्याख्याएँ आदमी को और खुली छूट दे देती हैं कानून तोड़ने के लिए। उपहास बनाकर रख दिया है आज लोगों ने धर्म को भी। एक करोड़ की बेईमानी करो और एक लाख दान करके वे अपने को धन्य मानते हैं। क्या सौवाँ हिस्सा दान करके 99वें हिस्से को हजम कर पाओगे? क्या जो लोग दान ले रहे हैं वे आपके मन को शांत करा पाएँगे? क्या अखंड पाठ की विधिपूर्वक कर्म करवाकर आपको पाप से मुक्ति दिलवा देंगे – यह स्वयं का विचार है। व्यक्ति और ईश्वर के मध्य में **भक्ति** ही एक माध्यम है और कुछ नहीं। कलियुग में इतने बुरे आचरण होने के बाद भी भक्ति के द्वारा वह सतयुग की भक्ति का अनुभव कर सकता है। चारों युगों में ज्ञान की ही चर्चा की गई, ज्ञान की महिमा का बखान किया गया। ज्ञान और वैराग्य से भक्ति में शुद्धता आती है और वह **पिंड से अनंत** को प्राप्त होता है। जो घट-घट में व्याप्त है, उसे ढूँढ़ने की आवश्यकता नहीं।

''कस्तूरी मृग नाभि बसे, मृग ढूँढ़े बन माँहि।
ऐसे घट-घट ब्रह्म है, दुनिया जानत नाहिं॥''

जो संसार से वैराग्य को प्राप्त होता है और वैराग्य प्राप्त होने से ईश्वर की कृपा से संत के दर्शन होते हैं और संत के श्रीमुख से कथा-श्रवण करने पर मोह भंग हो जाता है। जब संसार से मोह भंग होता है तब वह प्रभु सान्निध्य को पाने की लालसा प्रकट होती है और यहीं से जीव मुक्ति-द्वार में प्रवेश करता है और ईश्वर में जीव का अटूट विश्वास हो जाता है। और विश्वास ही जीव को अनन्य भक्त बना देता है। उसकी गति भगवान् की तरफ होती जाती है; परंतु वहाँ पर प्रभु की माया भी भ्रमित करती है। जो जैसा व्यक्ति होता है, उसे वैसी ही माया भ्रमित करती है। ज्ञानी को ज्ञान का भ्रम हो जाता है, जैसे धनवान है उसे धन का भ्रम हो जाता है। कोई-कोई संत अपने ऐसे नियम बना लेते हैं। वे उसी भ्रम में फँस जाते हैं। यह माया सभी को भ्रमित करती है तो इसलिए माया से प्रेम मत करो, माया के स्वामी से प्रेम करो, अर्थात् मायापति से, ये **माया** यानी दो अक्षर, संस्कृत में **मा** का अर्थ है नहीं और **या** का अर्थ है **जो** यानी माया का मतलब हुआ **जो नहीं है** वही

माया है। माया दो प्रकार से भासती है— एक जैसे बादल सूर्य को ढक देता है तो थोड़ी देर के लिए अँधेरा हो जाता है, माया की दूसरी शक्ति भ्रम पैदा करती है। वो अँधेरे में प्रबल होती है। लक्ष्मीजी नारायण का माया-स्वरूप हैं और उनकी सवारी है उल्लू, जिसे अँधेरे में ही दिखाई देता है। लक्ष्मीजी जब स्वयं किसी के घर जाती हैं तो अपने वाहन पर जाती हैं, यानी रात्रि में ही जो धन कमाया जाता है वो माया लक्ष्मी होती है। क्योंकि स्वयं लक्ष्मी जब अकेली जाएँगी तो रात्रि में ही जाएँगी। उनका वाहन ही उल्लू है। और जब वही लक्ष्मी नारायण के साथ जाती हैं तो गरुड़ पर सवार होकर जाती हैं तो वे भक्तिमय, ईश्वरमय होती हैं। इसलिए जिसके मन में ईश्वर की भक्ति का प्रकाश है, उसे माया प्रभावित नहीं करती। परंतु माया हमें सत्य इसलिए लगती है, क्योंकि भगवान् के गले में पड़ी हुई है। जैसे धनवान व्यक्ति के गले में यदि नकली हीरों की माला हो तो सब लोग उसे असली ही समझते हैं। यह माया अत्यंत बलवती है और बिरले ही कोई उस पर विजय पा सकता है। इस माया ने गरुड़, नारद, विश्वामित्र आदि ऋषियों तक को नहीं छोड़ा। इसने सभी को नचाया हुआ है। मायापति से नाता जोड़ने से गरुड़वाली लक्ष्मी आती है और साथ में प्रभु भी और माया ठगनी से छुटकारा मिलता है। ईश्वर की मनुष्य को सबसे उत्तम देन उसकी बुद्धि है, जो स्वयं विकास करती है और प्राणियों की नहीं। जब ईश्वर उसे दंड देना चाहता है तो उसकी बुद्धि पहले हर लेता है और मनुष्य का नाश हो जाता है।

इसीलिए कहते हैं— **विनाशकाले विपरीत बुद्धिः**। जो बुद्धिमान लोग अपने को संसार से परे लगाते हुए मुझको ध्यान करते हैं वे मुझ ब्रह्म को प्राप्त होते हैं। जो प्रकाश-स्वरूप सबके अत्यंत समीप में स्थित, हृदय रूप गुहा में स्थित होने के कारण गुहाचर नाम से प्रसिद्ध और महान् पद अर्थात् परम प्राप्य है— जितने भी चेष्टा करनेवाले, श्वास लेनेवाले, आँखों को खोलने-मूँदनेवाले प्राणी हैं, सब उस ब्रह्म में समर्पित हैं, उसी में स्थित हैं। सत्-असत् सबकुछ वही है, वही सबके द्वारा वरण करने योग्य हैं। वह समस्त प्रजा के ज्ञान से परे है अर्थात् किसी की बुद्धि में आनेवाला नहीं है। जो परम प्रकाश रूप है, जो सूक्ष्म से भी अत्यंत सूक्ष्म है, जिसमें संपूर्ण लोक और उन लोकों में निवास करनेवाले प्राणी स्थित हैं, वही यह **अक्षर ब्रह्म** है, वही सबके प्राण हैं, वही सबकी वाणी हैं और वही सबके

मन हैं। वह यह परम सत्य और अमृत-अविनाशी तत्त्व है। उस बेधने योग्य लक्ष्य का भेदन करो – मन लगाकर उसमें तन्मय हो जाओ। उपनिषद् में कथित महान् अस्त्ररूप धनुष लेकर उस पर उपासना द्वारा तीक्ष्ण किया हुआ बाण संधान करो और फिर भावानुगत चित्त के द्वारा उस बाण को खींचकर उस अक्षर रूप ब्रह्म को ही लक्ष्य बनाकर भेदन करो। प्रणव (ॐ) धनुष है, जीवात्मा बाण है और ब्रह्म को उसका लक्ष्य कहा जाता है यानी श्वासों की क्रिया धनुष है, उसमें बसा **स्वर** बाण है और उस स्वर को ध्यान योग खींचते हुए अपने लक्ष्य ब्रह्मप्रकाश को पार करना ही भेदना है। जिस ब्रह्म में स्वर्ग, पृथ्वी, अंतरिक्ष, संपूर्ण प्राणों के सहित इंद्रिययुक्त मन, बुद्धि रूप अंतःकरण ओत-प्रोत है, उस एकमात्र परमात्मा को ही जाने, दूसरी सब बातों को छोड़ दे। यही अमृत रूप परमात्मा के पास पहुँचनेवाला पुल है। संसार-समुद्र से पार होकर अमृतस्वरूप परमात्मा को प्राप्त कराने का यही सुलभ साधन है। जिस प्रकार चक्के में आरे लगे होते हैं उसी प्रकार शरीर की संपूर्ण नाड़ियाँ हृदय में स्थित हैं। उस हृदय में ही विविध रूपों में प्रकट होनेवाला परब्रह्म संचरण करता है – अंतर्यामी रूप से वर्तमान रहता है। इस आत्मा का 'ॐ' के जप के साथ ध्यान करो। इससे अज्ञानमय अंधकार से सर्वथा परे और संसार-समुद्र से उस पार जो ब्रह्म है, उसको पा जाओगे। तुम्हारा कल्याण होगा। जो सदा जाननेवाला, जो सब ओर से सबकुछ जाननेवाला है, जिसकी जगत् में महिमा है, वह यह सबका आत्मा ब्रह्म ब्रह्मलोक रूप दिव्य आकाश में स्थित है। वह मनोमय है और सबके प्राण तथा शरीर का नियमन करनेवाला है। सब प्राणियों के हृदय का आश्रय करके अन्नमय स्थूल शरीर में स्थित है। धीर-बुद्धिमान पुरुष विज्ञान के द्वारा जो आनंदस्वरूप अमृत अविनाशी ब्रह्म सर्वत्र प्रकाशित हैं, उसको भली-भाँति देख लेते हैं। उस कार्य-कारण रूप पुरुषोत्तम को देख लेने पर इस जीव के हृदय की गाँठ (अविद्या) टूट जाती है, सारे संशय नष्ट हो जाते हैं और सब शुभाशुभ कर्म क्षीण हो जाते हैं, वह निर्मल और निष्फल ब्रह्मप्रकाश मय पर कोष-दिव्य परमधाम में विराजित है। वह शुभ्र, सर्वथा विशुद्ध और संपूर्ण प्रकाशमय वस्तुओं का भी प्रकाश है। उसे आत्मज्ञानी पुरुष ही जानते हैं, उस स्वप्रकाश रूप परमधाम में– परमात्मा में न यह सूर्य प्रकाशित होता है, न वहाँ ये बिजलियाँ चमकती हैं, न चंद्रमा या तारे ही प्रकाशित होते हैं। फिर इस अग्नि की

बात ही क्या है? उसके प्रकाशित होने पर उसी के प्रकाश से सब प्रकाशित होते हैं, उसी के प्रकाश से यह संपूर्ण जगत् प्रकाशित है। वह अमृत-स्वरूप ब्रह्म ही आगे है। ब्रह्म ही पीछे है, ब्रह्म ही दाहिनी तथा बाईं ओर है। वही नीचे-ऊपर फैला हुआ है। यह संपूर्ण विश्व सर्वश्रेष्ठ ब्रह्म ही है।

जो श्रेष्ठ पुरुष इस तरह अनुभव करते हैं, वे ही कृतार्थ हैं। वे ब्रह्म को प्राप्त पुरुष नित्य प्रसन्न रहते हैं। न वे कोई शोक करते हैं, न किसी विषय की आकांक्षा ही। परमात्मा का कभी उस ज्ञानी से वियोग नहीं होता है, अलग नहीं होता है। ईश्वर कथन है– जहाँ ऐसा ज्ञानी रहता है, वहीं मेरे दर्शन हो सकते हैं। मैं न तीर्थ में हूँ, न कैलास में, न बैकुंठ में ही। मैं तो अपने ज्ञानी भक्त के हृदय-कमल में रहता हूँ। जो मेरे ज्ञानपरायण भक्त की पूजा करता है, वह मेरी पूजा से कोटि गुना अधिक फल पाता है। जिसका चित्तस्वरूप ब्रह्म से लय हो गया, उसका सारा कुल पवित्र हो गया। उसकी जननी कृतकृत्य हो गई और पृथ्वी उसको धारण करके इस पुत्र पर गर्व करती है और स्वयं पुण्यवती हो जाती है। इस ब्रह्मज्ञान को भक्ति-संपन्न, शीलवान् ज्येष्ठ पुत्र से कहना चाहिए और इसी प्रकार के शिष्य को बतलाना चाहिए, किसी दूसरे से नहीं। जिसकी इष्टदेव में पराभक्ति होती है और जैसी देव में भक्ति होती है, वैसी ही गुरु में होती है, ऐसे उस महात्माजन के लिए ही श्रेष्ठ पुरुष इस ब्रह्म विद्या का उपदेश करते हैं। जिसके द्वारा इस ब्रह्म का उपदेश है, वह परमेश्वर ही है। इस विद्या का बदला नहीं चुकाया जा सकता है। इसलिए गुरु के समीप शिष्य सदा ऋणी ही रहता है। इस प्रकार ब्रह्म जन्मदाता– ब्रह्म को प्राप्त करा देनेवाला गुरु जन्मदाता माता-पिता से भी अधिक पूज्य होता है; क्योंकि पिता से प्राप्त जीवन तो नष्ट हो जाता है, परंतु ब्रह्म रूप कभी नष्ट नहीं होता। अतः– **'तस्मै न द्रुह्येत् कृतमस्य जानन्'**– इस श्रुतिरूप शास्त्र-सिद्धांत के अनुसार ब्रह्मदाता परमगुरु से कभी द्रोह न करे। ब्रह्मदाता गुरु सबसे श्रेष्ठ है। शिव के रुष्ट होने पर गुरु बचा लेते हैं, पर गुरु के रुष्ट होने पर शिव नहीं बचा पाते। जैसे काकभुशुंडि ने अपने पूर्वजन्म में अपने गुरु से द्रोह किया था, जिससे शिव ने क्रोधित होकर उन्हें शाप दे दिया था; परंतु फिर भी उनके गुरु कृपालु ने उन पर दया करके अपने शिष्य के लिए शंकर भगवान् से प्रार्थना की थी –

"करि दंडवत सप्रेम द्विज सिव सन्मुख कर जोरि।

विनय करत गदगद स्वर समुझि घोर गति मोरि॥
नमामी शमीशान निर्वाणरूपं। विभुं व्यापकं ब्रह्म वेदस्वरूपं॥
निजं निर्गुणं निर्विकल्पं निरीहं। चिदाकाशमाकाश वासं भजेऽहं॥
निराकारमोंकारमूलं तुरीयं। गिरा ग्यानगोतीतमीशं गिरीशं॥
करालं महाकाल कालं कृपालं। गुणागार संसारपारं नतोऽहं॥
तुषाराद्रि संकाश गौरं गँभीरं। मनोभूत कोटिं प्रभा श्री शरीरं॥
स्फुरन्मौलि कल्लोलिनी चारु गंगा। लसभ्दालबालेंदु कंठे भुजंगा॥
चलत्कुंडलं भ्र सुनेत्रं विशालं। प्रसन्नाननं नीलकंठं दयालं॥
मृगाधीशचर्माम्बरं मुंडमालं। प्रिय शंकरं सर्वनाथं भजामिं॥
प्रचंडं प्रकृष्टं प्रगल्भं परेशं। अखंडं अजं भानुकोटिंप्रकाशं॥
त्रयः शूल निर्मलं शूलपाणिं। भजेऽहं भवानीं पतिं भावगम्यं॥
कलातीत कल्याण कल्पांतकारी। सदा सज्जनानंददाता पुरारी॥
चिदानंद संदोह मोहपहारी। प्रसीद-प्रसीद प्रभो मंमथारी॥
न यावद् उमानाथ पादारविंदं। भजंतीह लोके परेवा नराणां॥
न तावत्सुखं शांति सन्तापनाशं। प्रसीदं प्रभो सर्वभूताधिवासं॥
न जानामि योगं जपं नैव पूजां। नतोऽहं सदा सर्वदा शंभु तुभ्यं॥
जरा जन्म दुःखौघ तातप्यमानं। प्रभो पाहि आपन्नमामीश शम्भुं॥

शिवजी का शाप सुनकर प्रेम-सहित दंडवत् करके वे ब्राह्मण (मेरे गुरुजी) श्री शिवजी के सामने हाथ जोड़कर मेरी भयंकर गति का विचार कर गद्गद वाणी से विनती करने लगे– हे मोक्षस्वरूप, विभु, व्यापक, ब्रह्म और वेदस्वरूप, ईशान दिशा के ईश्वर तथा सबके स्वामी श्री शिवजी! मैं आपको नमस्कार करता हूँ। निजस्वरूप में स्थित गुणों से रहित भेद-रहित, इच्छा-रहित चेतन आकाश रूप आपको मैं भजता हूँ। निराकार ओंकार के मूल तुरीय वाणी ज्ञान और इंद्रियों से परे, कैलासपति, विकराल, महाकाल के भी काल, कृपालु, गुणों के धाम संसार से परे आप परमेश्वर को मैं प्रणाम करता हूँ। जो हिमाचल के समान गौरवर्ण तथा गंभीर हैं, जिनके शरीर में करोड़ों कामदेवों की ज्योति एवं शोभा है, जिनके सिर पर सुंदर गंगाजी विराजमान है, जिनके ललाट पर द्वितीय का चंद्रमा और गले में सर्प सुशोभित है। जिसके कानों में कुंडल हिल रहे हैं, सुंदर भृकुटि और विशाल नेत्र हैं, जो प्रसन्न मुख, नीलकंठ और दयालु हैं, सिंह चर्म का वस्त्र धारण किए हुए हैं और मुंडमाला पहने हुए हैं– उन सबके प्यार और

सबके नाथ श्री शंकर को मैं भजता हूँ। प्रचंड, श्रेष्ठ, तेजस्वी, परमेश्वर, अखंड, अजन्मा, करोड़ों सूर्यों के समान प्रकाशवाले, तीनों प्रकार के शूलों को निर्मूल करनेवाले भवानी के पति श्रीशंकरजी को मैं भजता हूँ। कलाओं से परे, कल्याण-स्वरूप, कल्प का अंत करनेवाले, सज्जनों को सदा आनंद देनेवाले त्रिपुर के शत्रु सच्चिदानंदघन, मोह को हरनेवाले, मन को मथ डालनेवाले कामदेव के शत्रु। हे प्रभो! प्रसन्न होइए, प्रसन्न होइए।

हे उमानाथ! जब तक आपके चरण कमलों को मनुष्य नहीं भजते, तब तक उन्हें न तो इहलोक व परलोक में सुख-शांति मिलती है और न उनके तापों का नाश होता है। अतः हे समस्त जीवों के अंदर निवास करनेवाले प्रभो! प्रसन्न होइए।

मैं न तो योग जानता हूँ, न जप और न पूजा ही। हे शंभो! मैं तो सदा-सर्वदा आपको ही नमस्कार करता हूँ। हे प्रभो! बुढ़ापा तथा जन्म-मृत्यु के दुःख समूहों से जलते हुए मुझ दुःखी की दुःख से रक्षा कीजिए। हे ईश्वर! हे शंभो! मैं आपको नमस्कार करता हूँ। भगवान् शंकर की यह स्तुति जो ब्राह्मण (गुरुजी) द्वारा की गई। जो मनुष्य प्रभु शरणागत होकर उसे भक्तिपूर्वक पढ़ते हैं, उन पर भगवान् शंभु प्रसन्न होते हैं। सर्वज्ञ शिवजी ने उस ब्राह्मण की विनती सुनी और ब्राह्मण का प्रेम जानकर उनके शिष्य के अपराध के निवारण का उपाय बताया। इस तरह शिव के रूठने पर गुरु सँभाल सकते हैं। मनुष्य के समान कोई शरीर नहीं है। चर-अचर सभी जीव उसकी याचना करते हैं। यह मनुष्य का शरीर नरक-स्वर्ग और मोक्ष की सीढ़ी है तथा कल्याणकारी ज्ञान, वैराग्य व भक्ति को देनेवाला है। यह हमारी प्रयोगशाला है। इसी प्रयोगशाला में रहते हुए परमभक्ति को पाया जा सकता है। इसी शरीर में रहकर कर्म करने की गणना होती है और उसका फल मिलता है, क्योंकि यह शरीर ही कर्मयोनि है, बाकी समस्त शरीर भोग योनियाँ हैं। अतः इसी शरीर में ही सद्गुरु से ज्ञान प्राप्त करके उस परमानंद का आनंद (भक्ति) को प्राप्त हो। कुछ लोग कहते हैं कि विश्वास करो, मुझ पर विश्वास करो और विश्वास करके भक्ति करो, पूजा करो, भगवान् मिल जाएँगे; परंतु मैं ऐसा नहीं मानता। क्योंकि जो प्राणी इस कक्षा (भक्ति) में प्रवेश पाना चाहता है वह **भक्ति दान** माँगता है और भक्ति से ईश्वर का साक्षात्कार होता है, तब जाकर विश्वास होता है। पहले विश्वास नहीं किया जा सकता। जैसे कोई

कहे कि वह डॉक्टर बहुत अच्छा है, तुम्हारा बुखार ठीक कर देगा। तुम मेरी बात का विश्वास मानो। तो वह मरीज विश्वास कर लेगा, कतई नहीं करेगा उसके सामने हाँ कर लेगा, परंतु मन-विचार करेगा कि चलो, वहाँ भी दवाई लेकर देखता हूँ। जब वह डॉक्टर से दवाई लाएगा खाएगा और उसका बुखार उतरेगा, वह ठीक हो जाएगा तब विश्वास करेगा कि यह डॉक्टर बहुत अच्छा है। जब कृष्णजी ने अर्जुन से गीता का उपदेश दिया, कई योगों का रहस्य बताया, धर्म का उपदेश दिया, क्षत्रिय धर्म का उपदेश दिया।

भगवान् कृष्ण ने बहुत समझाया, पर अर्जुन हर बात की काट करता रहा। कृष्ण ने बहुत समझाया कि मैं ही ब्रह्म हूँ, न कोई किसी को मार सकता है, न मर सकता है। जीव अजर-अमर है। सिर्फ शरीर बदलता है परंतु अर्जुन को उनकी बातें नहीं भाईं। वह तर्क पर तर्क करता रहा और हे कृष्ण! मेरे सखा, मेरे मित्र आपकी बातें मुझे शांत नहीं कर पा रही हैं। इतना कहकर वह धनुष को रखकर, रथ के पिछले भाग में जाकर बैठ गया और वह कायरता को प्राप्त हो गया। वह अपने कर्म से ज्यादा अपने संबंधियों को महत्त्व देता रहा। भगवान् कृष्ण समझ गए कि इसे मेरे ज्ञान पर विश्वास नहीं है। तब श्रीकृष्ण ने अर्जुन को ब्रह्मज्ञान का उपदेश दिया और उसे दिव्य दृष्टि दी, जिससे परमब्रह्म का साक्षात्कार कर सके– फिर अपना विराट रूप दिखाया। उस परमप्रकाश की दिव्य झाँकी देखकर अर्जुन का सारा मोह क्षण भर में नष्ट हो गया और हाथ जोड़कर रथ से नीचे उतरकर – हे नाथ, हे प्रभो, हे स्वामी, हे अनंत, हे केशव, हे माधव! आप सारे संसार की उत्पत्ति और नाश करनेवाले हो। ऐसा कह भगवान् कृष्ण के चरणों में समर्पित हो गया और जो बातें पहले बताई थीं उन पर उसको विश्वास हो गया। कहने का तात्पर्य यह है कि जब तक व्यक्ति अपनी आँखों से नहीं देखता, तब तक कैसा विश्वास। कबीर साहब कहते हैं–

"जब तक न देखूँ नैनी।
न मानूँ गुरु की बैनी॥
न मानूँ कागद लेखी।
मैं मानूँ आँखन देखी॥"

जब वह आँखों से देखता है, विश्वास होता है तभी वो अपने **पिंड**

से अनंत को प्राप्त होता है और शून्यता को प्राप्त होता है। सूक्ष्म से धीरे-धीरे शून्य की यात्रा करता है। जो प्राणी शून्य की यात्रा कर रहा है, वही तीर्थ यात्रा पर जा रहा है। काशी जाने से कुछ नहीं होगा और न मक्का-मदीना और न जेरुसलम जाने से कुछ होगा। असली तीर्थ यात्रा उस अनादि शक्ति की है, उस सूक्ष्म की है, उस महासूक्ष्म की। हम बड़े स्थूल हैं, हमारी स्थूलता कई तरह की है। हम स्वयं को शरीर मानते हैं। सबसे बड़ी स्थूलता यही है। इसलिए जब कभी अपमान, हानि या किसी प्रकार की प्रतिकूल परिस्थिति आती है तो घबरा जाते हैं। यह घबराहट तभी तक होती है जब तक तुम अपने को शरीर समझे बैठे हो और जब इसे मकान समझ लोगे तो कोई कष्ट नहीं होगा। इस शरीर रूपी मकान को मजबूत रखें, साफ-सुथरा रखें और हृदय रूपी अलमारी में विराजमान परम प्रकाशवान सत् + चित् + आनंद को प्रणव अक्षर के स्वर से उस आत्मस्वर का निरंतर ध्यान करें और इस संसार से मुक्त हो जाएँ। और जो अनादि शक्ति है उनकी वंदना करें। भगवान् क्षीरसागर में शेष-शय्या पर लेटे हुए हैं, उनको जगाइए, ये क्षीरसागर क्या है, कहाँ है? ये आपके शरीर रूपी मकान में ही है। क्षीर यानी दूध, अर्थात् जो वक्षस्थल है वही हृदय है, वही शेष है जो हमेशा शेषनाग की तरह कुंडली मारे श्वासें लेता रहता है यानी हृदय हमेशा धड़कता रहता है और इसकी धड़कन की गति अपने श्वासों की गति से जाना जा सकता है और उस श्वास की गति + धड़कन सम हो जाने पर **स्वर** प्रकट होता है। और जब स्वर प्रकट होता है तो जानो भगवान् विष्णु शेष-शय्या से जाग्रत् हो रहे हैं। जो वे जाग्रत् होते हैं तो संसार का सृजन होता है यानी अंतर का पिंड सक्रिय होता है। **जो पिंडे सोई ब्रह्मांडे** समझना चाहिए। जो पिंड में है वही क्रिया ब्रह्मांड की है। जब शेष-शय्या पर लेटे हुए भगवान् के अंदर भावना पैदा हुई कि **एकोऽहम् बहुष्यामि**, मैं एक से अनेक हो जाऊँ। आप कोशिका (Cell) के बारे में जानते होंगे। जब आप एक कोशिका को विभक्त करते हैं तो दो कोशिका बन जाती हैं। एक के बाद दूसरी, फिर तीसरी कोशिका बनती चली जाती है। और यही संसार का रचनाक्रम है। हमारे ऋषि-मुनि जो वैज्ञानिक तत्त्व को जानने वाले थे, उन्होंने बड़े सरल ढंग से कथाओं के रूप में दृष्टांत के रूप में और महापुरुषों के इतिहास के रूप में हमें समझाया। संसार में जब चेतन के रूप में उस शक्ति ने

धरती पर अंश से अवतार लिया तो सबसे पहले मत्स्यावतार हुआ, फिर कच्छप अवतार, वराहावतार, नरसिंह के बाद वामन अवतार हुआ है। फिर राम, कृष्ण, बुद्ध का अवतार हुआ है। और कहते हैं कलिकाल के अंदर जो अवतार होगा वह मैत्रेय, कल्कि अवतार होगा। उस समय इतना झगड़ा होगा कि उस समय मैत्री की आवश्यकता होगी, तब कल्कि अवतार होगा और यह संसार विनाश से बच सकेगा। जब-जब जहाँ-जहाँ जिस कारण के लिए आवश्यकता होती है वहाँ-वहाँ पर एक से अनेक होने का सिद्धांत पूर्ण होता है और उसी आवश्यकता का कारण बनकर महापुरुषों का जन्म होता है। परमात्मा महापुरुषों का जन्म अकारण नहीं होने देता। जैसे देश की आजादी के लिए कितने शहीदों ने जन्म लिया और देश को आजादी दिलाई और शहीद हो गए।

इसी तरह संत-महापुरुष परमात्मा का कार्य करके, परमात्मा में ही मिल गए, अर्थात् महात्मा हो गए। क्योंकि सारा संसार परमात्मा ही है, ईश्वर ही है और सारे जीव ईश्वर का अंश ही है। जैसे सागर से जल वाष्प बनकर ऊपर उठकर धरती पर छा जाते हैं और ठंडी हवाओं से टकराकर धरती पर बूँदों के रूप में बारिश हो जाती है, फिर वही जल धरती के कई कारणों को पूरा करता हुआ वापस सागर से मिल जाता है। हमारे शरीर रूपी प्रयोगशाला में शरीर से शेष प्राण है और प्राणों का प्रणव स्वर नाम है और नाम (नाव) है। जिस पर सवार होकर अपने लक्ष्य ब्रह्मस्वर (शब्द) को पकड़ना हाता है। जब नाम स्वर और ब्रह्मस्वर मिल जाते हैं तो परमेश्वर परम + स्वर हो जाता है। तो आत्मा और परमात्मा का भेद समाप्त हो जाता है—**जो तू है सो मैं हूँ** का भी भेद नहीं रहता। सब जगह मैं ही हूँ। कोटि-कोटि ब्रह्मांडों में मैं ही मैं हूँ। संसार में ऐसी अभीष्ट चीज क्या है, जिसमें मैं नहीं हूँ। ऐसा भगवान् कृष्ण गीता में कहते हैं कि मैं ही ब्रह्मा हूँ, मैं ही विष्णु हूँ, मैं ही शिव हूँ। संसार में तीन कारण हैं— जन्मना, स्थिरता और उसका नाश होना और इन तीन कारणों का नाम है— ब्रह्मा, विष्णु, महेश।

संसार में जो कुछ दिखाई दे रहा है और जो नहीं दिखाई दे रहा है; और जो दिखाई देगा उसका कारण मैं ही हूँ, उसका बीज मात्र मैं ही हूँ। इसी तरह जब बूँद रूपी जीव उस अनंत सागर परमात्मा से मिल जाने पर स्वयं को अनंत सागर का अनुभव करती है। यानी वह बूँद अनंत ही बन

जाती है, उसे संसार की कोई अभिलाषा नहीं रहती, वह मुक्त हो जाता है अर्थात् मोक्ष को प्राप्त होता है। फिर उसका जन्म नहीं होता, वह अजन्मा शक्ति से मिल जाता है। फिर उसको ईश्वर की माया भी नहीं व्यापती, क्योंकि संसार में जो कुछ हम देख रहे हैं, वह सब माया ही है। संसार में ऐसा कोई नहीं है जो प्रभु की माया के मोह से तृषित न हुआ हो। कोई भी प्राणी चाहे मानव, ऋषि-मुनि, सिद्धि- संत कोई भी नहीं बचा, जिसे कभी माया ने सताया न हो। इसीलिए कहते हैं–

जन्म-जन्म मुनि जतन कराही।
अंत राम कहि आवत नाही॥

क्योंकि कभी-न-कभी वह माया के फरफंद में फँस ही जाते हैं। उस माया से वही बच पाता है, जो अपनी हस्ती मिटाकर प्रभुमय हो जाता है। उसे संसार में सबमें ईश्वर-ही-ईश्वर का रूप दिखाई देता हो।

कहते हैं–

जब मैं था तब हरि नहीं, अब हरि हैं मैं नाँहि॥

इसी तरह जब अपनी हस्ती मिटाकर प्रभुरूप हो जाता है तो उसे कुछ करने की आवश्यकता नहीं है।

जैसे अपने घर का पानी प्रयोग किया हुआ नालियों द्वारा नालों में जाता है तो लोग उस पानी को अपवित्र मानते हैं और पैर पड़ने पर स्नान करते हैं और जब यही पानी और आगे किसी नहर में पहुँचता है और नहर किसी पवित्र नदी में गिरती है तो वह जल पवित्र हो जाता है। फिर उसे कोई हेय दृष्टि से नहीं देखता, बल्कि उसे ले जाकर अपनी पूजा के पवित्र स्थान में रखते हैं। फिर वह जल पवित्र ही नहीं, दूसरों को भी पवित्र करनेवाला हो जाता है; परंतु फिर वह जल **जन्म-मृत्यु** से परे नहीं होता। वह फिर दूसरों को पवित्र करके स्वयं अपवित्र होकर नालों-नालियों में बहता है। इस तरह वह बार-बार पवित्र और अपवित्र होता रहता है। लेकिन जब वर्षा ऋतु आती है तब सारा-का-सारा जल नदी द्वारा महासागरों से मिल जाता है, फिर उसका जन्म नहीं होता अर्थात् वापस नहीं आना पड़ता। वहाँ पर गरमी पड़ने पर सूर्य की तीक्ष्ण किरणों से तपकर वह नवीन शरीर (वाष्प) बनकर बिना आधार आकाश में वही पानी बादल बनकर भ्रमण करता रहता है। फिर अपने पिछले किए कर्मों के अनुसार उसका धरती पर आगमन होता है। वह फिर माया में व्याप्त हो सकता

है। इस माया की कथा नारदजी अपने मुख से श्रीव्यासजी को बताते हैं कि कैसे मैं प्रभु की माया से स्त्री बन गया था।

नारदजी कहते हैं– मुनिवर! मैं इस पावन कथा का प्रसंग कर रहा हूँ, ध्यानपूर्वक सुनो। वस्तुतः माया के अत्यंत गूढ़ रहस्य के योगवेत्ता मुनि भी जानने में असमर्थ हैं। चर-अचर संपूर्ण जगत् तथा ब्रह्मा से लेकर स्तंबपर्यंत– सबके सब माया के अधीन हैं, क्योंकि वह अजेय है।

एक समय की बात है– अद्‌भुत कर्म करनेवाले भगवान् विष्णु के दर्शन की इच्छा मेरे मन में उत्पन्न हुई। अतः मैं स्वर्ग चल दिया। मैं मनोहर श्वेतद्वीप में जा रहा था। मेरे द्वारा स्वर और ताल से सुशोभित विशाल वीणा बज रही थी। मैं उनका सात स्वरों के साथ संगीत का गायन कर रहा था। श्वेतद्वीप में पहुँचने पर मुझे देवाधिदेव भगवान् विष्णु के दर्शन हुए। वे हाथ में चक्र-गदा धारण किए हुए थे। कौस्तुभ मणि उनके वक्षःस्थल की शोभा बढ़ रही थी। मेघ के समान श्यामल वर्ण वाले श्रीहरि चार भुजाओं में सुशोभित थे। उन्होंने पीतांबर पहन रखा था। मुकुट और बाजूबंद विग्रह को विभूषित किए हुए थे। उस समय मनोहारिणी लक्ष्मी से वे क्रीड़ा कर रहे थे। संपूर्ण शुभ लक्षणों से संपन्न तथा समस्त अलंकारों से अलंकृत भगवती लक्ष्मी मुझे देखकर वहाँ से हट गईं। लक्ष्मीजी को भवन में गई देखकर मैंने वनमाला धारण करनेवाले देवाधिदेव जगत्प्रभु भगवान् विष्णु से पूछा– हे देव! शत्रुओं का संहार करनेवाले पद्मनाभ भगवन्! मुझे आते हुए देखकर भगवती लक्ष्मीजी आपके पास से क्यों चली गई हैं! जगद्‌गुरो! मैं न कोई नीच हूँ और न धूर्त। जनार्दन! मैं एक तपस्वी हूँ। इंद्रियाँ मेरे वश में रहती हैं। मैंने क्रोध पर विजय प्राप्त कर ली है और माया का मुझ पर कभी कुछ भी वश नहीं चलता। मैंने उस समय जो कुछ भी कहा, उसके प्रत्येक शब्द में अभिमान भरा था। उसे सुनकर भगवान् श्रीहरि का मुखमंडल मुसकान से भर गया। वीणा के समान मधुर वाणी में वे मुझसे कहने लगे– नारदजी, यह काम नीति के विरुद्ध है। स्त्री को चाहिए कि पति के सिवा कभी किसी दूसरे पुरुष के सामने ऐसा व्यवहार न करे। विद्वन्! जो पवन पर अधिकार पा चुके हैं, जिन्होंने सांख्य-शास्त्र का गहरा अध्ययन किया है, जो बिना कुछ खाए-पिए निरंतर तपस्या में रत रहते हैं तथा इंद्रियाँ जिनके सदा वश में रहती हैं, उन योगियों के लिए भी माया अत्यंत अजेय है। संगीत का उत्तम ज्ञान

रखनेवाले मुनिवर! आपने अभी जो कहा है कि मैं माया पर विजय पा चुका हूँ, सो यह बात कभी भी किसी के सामने नहीं कहनी चाहिए। जब सनकादि मुनि भी माया को जीतने में असफल रहे, तब तुम तथा दूसरे किसी देवता की क्या गणना की जाए? देवता, मानव अथवा पशु का शरीर धारण करनेवाले प्राणी भला अजन्मा माया को कैसे जीत सकते हैं? वेद के ज्ञाता, योग-साधन में निपुण, सर्वज्ञ एवं जितेंद्रिय सत्त्व-रज-तमोमय किसी भी पुरुष के लिए माया पर विजय प्राप्त करना संभव नहीं है। काम भी माया का ही रूप है। उसकी कोई पृथक् आकृति नहीं है। वह अदृश्य रूप में रहकर विद्वान्, मूर्ख अथवा मध्यम श्रेणी के सभी प्राणियों को अपने वश में किए रहता है। कभी-कभी तो वह काम धर्मज्ञ पुरुष के चित्त में भी क्षोभ उत्पन्न कर देता है, फिर स्वभाव अथवा कर्म से उसकी चेष्टा समझ ली जाय— यह बड़ा कठिन कार्य है। भगवान् विष्णु के ऐसा कहने पर मेरे मन में उस प्रबल माया को देखने और जानने की उत्कट इच्छा जाग्रत् हुई— सो इच्छा मैंने प्रभु से प्रकट कर दी।

भगवान् विष्णु बोले— अखिल जगत् को धारण करने की शक्ति रखनेवाली वह माया त्रिगुणात्मिका, सर्वज्ञा, सर्वसम्मता, अजेया और अनेक रूपा है। यह सारे संसार में व्यापक होकर रहती है। नारद! तुम्हें यदि उसे देखने की इच्छा हो तो अभी गरुड़ पर चढ़ो; हम दोनों अन्य लोकों में चलें। ब्रह्मापुत्र नारद! वहाँ मैं तुम्हें अजितात्माओं के लिए अजेय उस माया के दर्शन कराऊँगा। उसे देखने के पश्चात् फिर तुम्हें अपने मन में विषाद को स्थान नहीं देना चाहिए।

इस प्रकार देवाधिदेव भगवान् विष्णु ने मुझसे कहकर विनतानंदन गरुड़ को याद किया। स्मरण करते ही गरुड़ उनके सामने आ गए। गरुड़ को आए देखकर भगवान् विष्णु उन पर सवार हुए और मुझे भी चलने के लिए आदरपूर्वक पीछे बैठा लिया। वायु के समान तीव्रगामी गरुड़ ने अब बैकुंठ से यात्रा कर दी। भगवान् श्रीहरि जिस ओर जाना चाहते, उधर के लिए ही संकेत कर देते और वही गरुड़ का लक्ष्य बन जाता था। यों बहुत से विशाल वन, दिव्य सरोवर, नदियाँ, ग्राम, नगर, पर्वत के आस-पास के गाँव, गौओं के गोष्ठ, मुनियों के मनोरम आश्रम, छोटे-बड़े अनेक तालाब, कमल से सुशोभित अगाध जलवाली अनेक झीलें तथा मृगों व वराहों के बहुत से झुंड हमें दृष्टिगोचर हुए। गरुड़ पर बैठकर इन

सब पर दृष्टि डालते हुए हम दोनों कान्यकुब्ज के पास पहुँच गए। वहाँ एक दिव्य सरोवर दिखाई पड़ा। कमल उस सरोवर की शोभा बढ़ा रहे थे। हंस, सारस और चक्रवाकों से वह सरोवर बड़ा ही मनोहर जान पड़ता था। अनेक प्रकार के विकसित कमलों से वह सुशोभित था। उसका जल बड़ा ही पवित्र एवं मधुर था। झुंड-के-झुंड भ्रमर गूँज रहे थे। उसे देखकर भगवान् श्रीहरि ने कहा– नारद! सारसों की बोली से शोभा पानेवाले इस अगाध सरोवर को देखो। इसमें चारों ओर कमल खिले हुए हैं। यह निर्मल जल से परिपूर्ण है। यहाँ स्नान करने के पश्चात् श्रीहरि ने हँसकर मेरी तर्जनी अँगुली पकड़ ली। उस सरोवर की बार-बार प्रशंसा करते हुए वे मुझे तीर पर ले आए। अत्यंत मनोहर छाया से उसका तट सुशोभित था। कुछ समय तक वहाँ विश्राम किया। तदनंतर भगवान् ने मुझसे कहा– 'मुने, अब तुम पहले इस स्वच्छ जल में स्नान करो। साधु पुरुषों के चित्त की भाँति इसका जल अत्यंत स्वच्छ है। विशेषता यह है कि कमलों के पराग से इसका जल सुवासित हो चुका है।'

इस प्रकार कहकर भगवान् ने मुझसे वीणा और मृगचर्म ले लिये। स्नान करने की बात मेरे मन में जँच गई। मैं प्रेमपूर्वक तट पर चला गया। हाथ-पैर धोने के पश्चात् मैंने शिखा बाँधी। हाथ में कुश ले लिया और आचमन करके मैं उस पवित्र जल में स्नान करने लगा। भगवान् श्रीहरि सामने विराजमान थे। उस मनोहर जल में मैंने ज्यों ही डुबकी लगाई कि मेरी पुरुषाकृति विलुप्त हो गई और मैं एक सुंदर रमणी के रूप में परिणत हो गया। उसी क्षण भगवान् मेरी वीणा और पवित्र मृगचर्म लेकर आकाश मार्ग से अपने धाम पर पधार गए। तदनंतर सुंदर भूषणों से भूषित होकर मैं स्त्री के रूप में समय व्यतीत करने लगा। उसी क्षण से पूर्व शरीर की स्मृति भी मेरे मन से जाती रही। जगत्प्रभु भगवान् विष्णु की भी मुझे याद नहीं रही। मन में अपार अज्ञान छा गया। अत्यंत लुभावने स्त्री-वेश को पाकर मैं उस सरोवर से बाहर निकला था। कमल से भरे-पूरे शुद्ध जलवाले उस सरोवर की ओर मेरी आँखें चक्कर काटने लगीं। नारी के वेश में परिणत होकर मैं विचार कर रहा था। इतने में राजा तालध्वज अकस्मात् मेरे सामने पधारे। उनके साथ बहुत से हाथी, घोड़े और रथ थे। वे रथ पर बैठे थे। उनकी युवा अवस्था थी। वे भूषण पहने हुए थे। जान पड़ता था मानो कामदेव ही शरीर धारण करके उपस्थित

हुए हों। मैं अलौकिक आभूषणों से अलंकृत था। सुंदर स्त्री की मेरी आकृति थी। चंद्रमा के समान मेरा मुखमंडल था। मुझे देखकर राजा तालध्वज के आश्चर्य की सीमा न रही। उन्होंने मुझसे पूछा – 'कल्याणी, तुम कौन हो? कौन देवता तुम्हारे पिता हैं? कांते! मानव, गंधर्व अथवा उरग किसे तुम्हारा पिता होने का सौभाग्य प्राप्त हुआ है? रूप और यौवन से शोभा पानेवाली तुम अबला क्यों अकेली भटक रही हो? सुलोचने! तुम्हारा विवाह हो चुका है अथवा तुम अभी कुमारी हो? सच्ची बात बताना। उत्तम वेणी से शोभा पानेवाली सुमध्यमे! तुम इस तालाब पर क्या देख रही हो? कामदेव को मोहित करने की योग्यता रखनेवाली पिकवयनी प्रिये! तुम अपना अभिप्राय व्यक्त करो। मरालाक्षी! यदि तुम कुमारी हो तो मुझ श्रेष्ठ पति को पाकर मेरे सहयोग से मनोभिलषित भोग प्राप्त कर सकती हो– इसमें कुछ भी संशय नहीं है।'

इस प्रकार राजा तालध्वज के पूछने पर मैंने मन में सम्यक् प्रकार से विचार किया। तदनंतर उनसे कहा – 'राजन्, मैं निश्चित रूप से नहीं जानती कि मैं किसकी कन्या हूँ, मेरे माता-पिता कहाँ हैं और कौन हैं। मुझे इस तालाब पर कौन लाया है – इसका भी मुझे कुछ पता नहीं है। राजेंद्र! मैं क्या करूँ, कहाँ जाऊँ और कैसे मुझे सुख की घड़ी सुलभ हो सकेगी? मेरा कोई भी आश्रय नहीं है – इस प्रकार की चिंताएँ मेरे मन में छाई हुई हैं। राजन्! देव की महिमा सर्वोपरि है। मेरा कोई भी पुरुषार्थ काम नहीं कर पाता। भूपाल! आप धर्मज्ञ पुरुष हैं। जो इच्छा हो, कर सकते हैं। मैं आपके अधीन हूँ। दूसरा कोई भी मेरा रक्षक नहीं है। मेरे न पिता हैं, न माता हैं, न बंधु-बांधव हैं और न कोई स्थान ही है।'

मुझसे उपर्युक्त बातें होने के पश्चात् एक बार उन्होंने मेरे विशाल नेत्रों पर दृष्टि फैलाई, फिर अपने सेवकों से यह वचन कहा – 'तुम लोग एक उत्तम पालकी ले आओ। उसे ढोनेवाले निपुण कहार होने चाहिए। वह पालकी रेशमी ओहार से ढकी हुई हो। कारण, उसी पर यह सुंदरी स्त्री सवार होगी। उसमें कोमल बिस्तर लगे हों। मोतियों की झालर से वह सजाई गई हो। सोने की बनी हुई वह चौकोर शिविका खूब लंबी-चौड़ी होनी चाहिए। राजा की बात सुनकर शीघ्रगामी सेवकों ने ओहाट-युक्त दिव्य पालकी मेरे लिए तुरंत लाकर उपस्थित कर दी। उन नरेश का प्रिय कार्य करने के विचार से मैं उस शिविका पर जा बैठी। वे मुझे अपने घर

ले जाकर बड़े आनंदित हुए। उत्तम दिन और लग्न उपस्थित होने पर वैवाहिक विधि के अनुसार अग्नि के साक्षित्व में राजा ने मेरे साथ अपना विवाह कर लिया। उस समय मैं परम सुंदरी स्त्री के वेश में था। राजा तालध्वज प्राणों से भी बढ़कर मुझसे प्रेम करते थे। उन्होंने मेरा नाम रख दिया 'सौभाग्य सुंदरी'। मेरे साथ रमण करते हुए राजा के सुख की सीमा न रही। कामशास्त्र के अनुसार, भाँति-भाँति के भोग-विलास हमें सुलभ रहे। राज्य का प्रबंध छोड़कर मेरे साथ क्रीड़ा करने में ही राजा का सारा समय व्यतीत होने लगा। कामकला में अत्यंत आसक्त होने के कारण जाते हुए समय पर उनका कुछ भी ध्यान न रहा। अनेक उपवन, मनोहर बावलियाँ, सुंदर भवन और उत्तम अटारियाँ – ये सभी हमारे विहार-स्थल का काम देते थे। व्यासजी! उस समय राजा तालध्वज से मेरा असीम अनुराग हो गया था। क्रीड़ा के रस ने मेरी सारी विवेक-शक्ति नष्ट कर दी थी। पहले मेरा शरीर पुरुष का एवं मुनिकुल में मेरी उत्पत्ति हुई थी – यह बात मुझे तनिक भी याद नहीं रही। ये मेरे पतिदेव हैं, मैं इनकी भार्या हूँ, अनेक स्त्रियों की अपेक्षा मैं इन्हें अधिक प्रिय हूँ, मुझे पटरानी होने का सौभाग्य प्राप्त है, मैं सती-साध्वी एवं विलासज्ञा हूँ, मेरा जीवन सफल है – प्रेम में आबद्ध होकर इस प्रकार के विचार मैं रात-दिन किया करता था। उन नरेश के अधीन होकर क्रीड़ा में आसक्त हो सुख का अनुभव करना ही मेरा स्वभाव बन गया था। राजा तालध्वज के पास रहते समय मन में प्रबल आसक्ति आ जाने के कारण श्रद्धा संबंधी सनातन ज्ञान-विज्ञान एवं धर्म-शास्त्र का रहस्य मुझे बिलकुल भूल गया था।

मुने! इस प्रकार क्रीड़ा में आसक्त हुए मेरे बारह वर्ष एक क्षण के समान बीत गए। मेरे गर्भवती होने पर राजा तालध्वज को बड़ी प्रसन्नता हुई। उन्होंने विधिपूर्वक गर्भ-संस्कार कराया। गर्भ के समय मेरी किस चीज पर इच्छा है – इस विषय में प्रेमपूर्वक राजा बार-बार मुझसे पूछा करते थे; किंतु लज्जावश मैं कुछ कह नहीं सकता था। दस महीने पूरे होने पर मुझे पुत्र उत्पन्न हुआ। उस समय दिन, ग्रह, नक्षत्र, लग्न और तारा – सभी श्रेष्ठ थे। राजभवन में बड़े समारोह के साथ पुत्रोत्सव मनाया गया। पुत्र-जन्म से राजा के मन में असीम प्रसन्नता उत्पन्न हुई। सूतक समाप्त हो जाने पर जब राजा ने पुत्र का मुख देखा, तब उनके हर्ष की सीमा नहीं रही। परम तपस्वी व्यासजी! यों मैं राजा तालध्वज की प्रिय

पत्नी बन चुका। दो वर्ष के बाद मुझे पुनः गर्भ रह गया। समयानुसार सर्वलक्षण-संपन्न दूसरे पुत्र की मुझसे उत्पत्ति हुई। ब्राह्मणों की आज्ञा से राजा ने बड़े पुत्र का नाम वीरवर्मा और छोटे का नाम सुधन्वा रखा। इस प्रकार राजा के संपर्क में रहकर मैंने बारह पुत्र उत्पन्न किए। उस समय मोहवश उन बच्चों के लालन-पालन में ही मैं प्रेमपूर्वक लगा रहा। समय-समय पर मुझे पुनः आठ सुंदर पुत्रों की उत्पत्ति हुई। फिर तो सुख का साधनभूत मेरा गार्हस्थ्य जीवन सांगोपांग पूरा हो गया। राजा ने समयानुसार उचित रूप से लड़कों के विवाह कर दिए। घर में बहुएँ आ गईं। पुत्रों और बहुओं को मिलाकर एक महान् परिवार बन गया, फिर लड़कों के भी लड़के हुए। खेलने-कूदने एवं नाना प्रकार के भोग भोगने में ही मेरा समय व्यतीत होने लगा। निरंतर मेरे मोह की वृद्धि हो रही थी। कभी सुख और संपत्ति सामने उपस्थित होती और कभी लड़के बीमार पड़ते तथा उन्हें कष्ट भोगना पड़ता तो मेरे मन में अत्यंत अशांति फैल जाती थी। कभी-कभी पुत्रों और बहुओं में परस्पर अत्यंत दारुण कलह मच जाता था, जिससे मैं दुखी हो उठता। मुनिवर! संकल्प से उत्पन्न हुई सुख एवं दुःखमयी चिंता बिलकुल व्यर्थ और दुष्परिणामी है। फिर भी, मैं उसमें उलझा रहता था। पूर्व समय की उत्तम जानकारी और शास्त्र ज्ञान कुछ भी नहीं रहा। स्त्री बनकर घरेलू कार्यों में मैं सर्वथा व्यस्त रहता था। मोह बढ़ानेवाले अहंकार की मन में सीमा नहीं रही। सोचता था, ये मेरे पराक्रमी पुत्र हैं और ये कुलीन घर में उत्पन्न होनेवाली मेरी बहुएँ हैं। मेरे ये लड़के बढ़िया वस्त्र पहनकर घर पर खेल-कूद रहे हैं। अहो! जगत् में जितनी स्त्रियाँ हैं, उन सब में मैं अवश्य ही बहुत भाग्यशाली हूँ। मैं नारद हूँ, भगवान् की माया ने मेरी बुद्धि हर ली है, इस प्रकार का विचार मेरे मन में कभी उठता ही नहीं था। व्यासजी! माया से मोहित होने के कारण मुझे धारणा बनी रहती थी कि मैं उत्तम आचरणवाली एक पतिव्रता रानी हूँ, मेरे बहुत से पुत्र हैं और इस जगत् में मेरा जीवन धन्य है।

मानद! इसके बाद दूर देशवासी कोई एक प्रसिद्ध नरेश मेरे स्वामी के साथ शत्रुता ठानकर नगर पर चढ़ आया। उसने हाथियों और रथों के द्वारा अपनी सेना सजा ली थी। वह मन में युद्ध करने की बात सोच रहा था। अपनी सेना से उसने मेरा नगर घेर लिया, तब मेरे लड़के और पोते भी नगर से बाहर निकल पड़े। अब उस शत्रु नरेश से भयंकर संग्राम छिड़

गया। विकराल काल के प्रभाव से मेरे सभी पुत्र संग्राम में शत्रु के द्वारा मार दिए गए। राजा हतोत्साह होकर युद्धस्थल से घर लौट आए। मैंने सुना, अत्यंत भयावह संग्राम में मेरे सब लड़के, पोते मर मिटे। शत्रु राजा बड़ा बलवान था। मेरे पुत्रों और पौत्रों को मारकर वह चला गया। अब मेरी आँखों से आँसुओं की अजस्र धारा गिरने लगी। मैं युद्धभूमि में पहुँचा। जमीन पर पड़े हुए अपने पुत्रों और पौत्रों को देखकर मेरे दुःख की सीमा न रही। आयुष्मन! शोक रूपी सागर में डूबकर मैं जोर-जोर से रोने लगा। हा पुत्रो! तुम कहाँ चले गए? इस दुष्ट नरेश ने मेरी निर्मम हत्या कर डाली। हाय, दैव अत्यंत दुर्दांत है। उसे कोई भी टाल नहीं सकता। मैं इस प्रकार विलाप कर रहा था। इतने में भगवान् विष्णु एक बूढ़े ब्राह्मण का रूप धारण करके वहाँ पधारे। देखने में वे बड़े मनोहर जान पड़ते थे। वेदज्ञ! उन प्रभु का विग्रह सुंदर वस्त्र से सुशोभित था। उन्होंने स्वयं मेरे सामने आने की कृपा की। मैं अत्यंत कातर होकर रो रहा था। वे मुझसे कहने लगे – कोयल के समान मधुर बोलनेवाली सुंदरी! तुम क्यों रो रही हो? यह एकमात्र भ्रम है। पति-पुत्रादियुक्त गृह में मोहवश ऐसी स्थिति आ जाती है; तुम अपने परम आत्मस्वरूप के ऊपर तो विचार करो। सोचो, तुम कौन हो, ये किसके पुत्र हैं और ये हैं कौन? सुलोचने! उठो और रोना-धोना छोड़कर स्वस्थ हो जाओ। कामिनी! मर्यादा की रक्षा के लिए स्नान करके परलोकवासी पुत्रों को तिलांजलि देनी चाहिए। धर्मशास्त्र का निर्णय है कि मृत बांधवों के निमित्त सर्वथा तीर्थ में स्नान करके तर्पण करे। यह कार्य घर पर कभी नहीं किया जा सकता।

नारदजी कहते हैं – वृद्ध ब्राह्मण के रूप में पधारे हुए भगवान् विष्णु ने यों कहकर मुझे समझाया। तब मैं अपने पति राजा को साथ लेकर चल पड़ा। बहुत से बांधव भी हमारे साथ हो लिये। विप्र वेशधारी भूतभावन भगवान् आगे-आगे चल दिए। तत्पश्चात् मैं तुरंत परम पावन तीर्थ के लिए चल पड़ा। द्विज रूपी भगवान् विष्णु कृपापूर्वक पुंतीर्थ में ले गए। वहाँ एक पवित्र सरोवर था। भगवान् श्रीहरि ने मुझसे कहा – गजगामिनी! कार्य करने का समय उपस्थित है। तुम इस पवित्र तीर्थ में स्नान करके पुत्र संबंधी निरर्थक शोक से रहित हो जाओ। जन्म-जन्मांतर में तुम्हारे करोड़ों पुत्र, पिता, पति, भ्राता और जामाता मर चुके हैं। उनमें तुम किसका शोक मनाती हो। यह सब मन का भ्रम है। स्वप्न की तुलना

करनेवाला यह व्यर्थ चिंतन प्राणियों के लिए केवल कष्ट ही देनेवाला है।

विप्र रूपी विष्णु के मुख से निकली हुई इस बात को सुनकर उनकी प्रेरणा के अनुसार मैं पुरुष संज्ञक तीर्थ में स्नान करने के लिए प्रविष्ट हुआ। उस तीर्थ में डुबकी लगाते ही मेरी आकृति तुरंत पुरुषाकार बन गई और मैं पुनः उसी स्थिति में आ गया। मेरी सारी स्मृति वापस आ गई। भगवान् विष्णु वीणा और मृगचर्म लिये वैसे ही विराजमान थे। स्नान के पश्चात् मुझे कमललोचन भगवान् विष्णु के साक्षात् दर्शन हुए। फिर तो मेरी सारी विस्मृति दूर हो गई। सोचने लगा, भगवान् के साथ मैं नारद यहाँ उपस्थित हूँ। माया के प्रभाव से स्त्री जैसी मेरी आकृति हो गई थी। मैं इस प्रकार की बातें सोच ही रहा था कि भगवान् श्रीहरि ने मुझसे कहा – नारद! यहाँ आओ, जल में खड़े होकर क्या कर रहे हो? मैंने सोचा, मैं अभी अत्यंत दारुण स्त्री के वेश में था, फिर कैसे पुरुष हो गया? मेरे आश्चर्य की सीमा न रही। मुझ ब्राह्मण नारद को देखकर राजा तालध्वज आश्चर्य में पड़ गए। सोचा, मेरी पत्नी कहाँ चली गई और मुनिवर नारद कहाँ से आ गए? उन्होंने बारंबार विलाप करना आरंभ कर दिया। कहा –हा प्रिये! मैं तेरे वियोग में पड़ कर रो रहा हूँ। मुझे छोड़कर तू कहाँ चली गई? शुचिस्मिते! तेरे नेत्र कमलपत्र के समान विशाल हैं। हे प्रिये! मैं क्या करूँ? तेरे बिना मेरा जीवन, गृह और राज्य– सबके सब व्यर्थ हैं। तेरे विरह से अब मेरे प्राण क्यों नहीं निकल रहे हैं? तू न रही तो जीवन धारण करने से भी मेरा कोई प्रयोजन नहीं रहा। विलाक्षी! मैं रो रहा हूँ। तू प्रिय उत्तर देने की कृपा कर। इस प्रकार राजा तालध्वज विलाप कर रहे थे। तब भगवान् श्रीहरि ने अनेक प्रकार के युक्तिपूर्ण वचनों से उन्हें समझाकर चुप कराकर वापस घर भेजा। फिर मैंने उनसे कहा – भगवन्! आपने मुझे ठग लिया था। किंतु **माया** की असीम शक्ति अब मेरी समझ में आ गई। भगवान् विष्णु बोले– महामते नारद! देखो, यह सब महामाया का मनोरंजन है। उन्हीं के प्रभाव से सब प्राणियों के शरीर में अनेक प्रकार की दशाएँ उपस्थित होती हैं। इतना कहकर भगवान् विष्णु गरुड़ पर बैठकर अपने धाम को चले जाते हैं और नारद अपनी वीणा के सुरताल के साथ भगवान् की स्तुति का गायन करते हुए ब्रह्मलोक को चले गए (यह प्रसंग देवी भागवत से लिया गया)। जब नारद जैसे महामुनि की यह दशा हुई तो हमारी दशा इस कलिकाल के अंदर कैसी होगी।

परंतु कुछ चिंता की आवश्यकता नहीं है। जब हम सबकुछ उस महाशक्ति से प्राप्त करते हैं और उसी को समर्पण करते रहना चाहिए, जब हमारा भाव ऐसा होगा –

तन मन धन सब कुछ है तेरा,
तेरा तुझको अर्पण क्या लागे मेरा।

संसार के अंदर जो भी कुछ है, वह तेरे उपभोग के लिए है। तू उसका मालिक नहीं है, जैसे रेलगाड़ी का किराया देकर सीट पर बैठकर जाते हैं तो वह किराया अंततः जाने का है, न कि रेलगाड़ी का। न वह सीट मेरी है। जो जन रेलगाड़ी की सीट को अपना समझ बैठते हैं। बस यही माया है। इस संसार के अंदर और अनेकानेक ब्रह्मांडों तक वह परमात्मा, अजन्मा, ओत-प्रोत, समान व्याप्त है। हम इस संसार से क्या ले पाते हैं? यश या अपयश, पाप या पुण्य, लाभ या हानि, सेवा लेना या सेवा देना। हर प्राणी एक बीज है, उसके अंदर गुण होते हैं, संसार से सबकुछ पाने की। अपने कर्म के द्वारा क्या पा सकता है इस संसार में सबकुछ है –

"सकल पदारथ है जग माहीं।
कर्म हीन नर पावत नाहीं॥"

इस संसार से सभी अपने-अपने कर्मों के अनुसार लाभान्वित होते हैं। उसी शक्ति से सूर्य भी ताप को प्राप्त करता है, उसी शक्ति से चंद्रमा शीतलता को प्राप्त होता है, उसी शक्ति से पृथ्वी अपनी धुरी पर घूमती हुई सूर्य की परिक्रमा करती है और इस पृथ्वी पर रहनेवाले चराचर जगत्, सबकुछ अपने कर्मों के अनुसार यहीं से प्राप्त करते हैं – जैसे हम एक क्यारी बनाते हैं और उसमें समान खाद-पानी डालते हैं उस क्यारी (छोटा खेत) में गाजर, मूली, आलू बो देते हैं और क्यारी के किनारे-किनारे फुलवारी के पौधे लगा देते हैं और उस क्यारी में समय-समय पर समान पानी देते हैं और जब उसमें बोई गई चीजें तैयार होती हैं तो सब में अलग-अलग गुण होते हैं, गाजर मीठी होती है, मूली तीखी होती है और आलू सब्जी के लिए तैयार होती है। और फुलवारी में कई रंगों के फूल खुशबू देते हुए तैयार होते हैं। ये सब गुण अलग-अलग कैसे हो गए। जबकि हमने सभी में समान पानी और खाद का प्रयोग किया। फिर गुण अलग-अलग हो गए, हमने गाजर में चीनी घोलकर नहीं डाली, न मूली में

मिर्च पीसकर डाली, न फुलवारी के साथ मैंने रंग बोया और न ही उन बीजों में मीठापन या तीखापन था। अर्थात् इसी तरह क्यारी रूपी संसार में वह प्रभु एक समान व्याप्त है–

हरि व्यापक सर्वत्र समाना॥

और हम प्राणी सत्त्व, रज और तम के गुणों के कारण जैसे-जैसे हमारे अंदर गुण होते उसी तरह के इस संसार से हम स्वयं का निर्माण करते हैं– ये तीन गुण ही सर्वथा सबमें कारण होते हैं। कार्य कारण लेकर ही होता है– यह बिलकुल निश्चित है। माया से उत्पन्न हुए तीनों गुण पृथक्-पृथक् स्वभाव के होते हैं। कोटि-कोटि ब्रह्मांड इसी क्यारी रूपी एक समान है, परंतु अपने-अपने गुणों के अनुरूप सूर्य अग्नि तत्त्व को प्राप्त करता है, चंद्रमा शीतलता को प्राप्त होता है जो कुछ भी मैं इस संसार में और पूरे ब्रह्मांड में है वह सब उस ईश्वर तत्त्व से ही पूर्ण हो रहा है। जो सूर्य आदि प्रकाशमान पदार्थों का भी प्रकाशन है, उस प्रकाशमान ईश्वर को जानकर, ध्यान करने से जीव जन्म-मरण के बंधन से छूट जाता है (यजु. अ. 11 मं. 1)। बड़े-से-बड़ा, सूक्ष्म से अति सूक्ष्म, निराकार, अनंत सामर्थ्यवान्, सर्वत्र व्यापक, प्रकाश-रूप, अद्वितीय, कारण से स्थूल कार्य रूप जगत् के रचनेवाला और जो विनाश करने की सामर्थ्य रखता है, उस ईश्वर को छोड़कर जो अन्य की उपासना करता है, उससे अन्य भाग्यहीन पुरुष कोई भी नहीं।

(यजु. अ. 16 मं. 19)

जद्यपि ब्रह्म अखंड अनंता।
अनुभव गम्य भजहिं जेहि संता॥

वह अखंड शक्ति है और अनंत ब्रह्म है, जो अनुभव से ही जानने योग्य है, जिसको संत जन भजते हैं।

न तत्र सूर्यो भाति न चंद्रतारं नेमा विद्यतो भ्रान्ति कृतोयमग्निः।
तमेव भान्तभनु भाति सर्व तस्य भासा सर्वमिदं विभाति॥

उस परमेश्वर में सूर्य नहीं चमकता, अर्थात् उस परमेश्वर को सूर्य प्रकाशित नहीं करता। न उसे चंद्रमा और तारे ही प्रकाशित करते हैं, न उसे बिजलियाँ ही प्रकाशित करती हैं। अग्नि तो उसे प्रकाशमान कर ही कैसे सकती है। वास्तव में यह सभी पदार्थ और सारा जगत् उसी की चमक से, उसी के दीप्तमान होने से चमक रहा है। उसी की ज्योति से

सारा जगत् कार्य करता हुआ नजर आता है। भगवान् तो स्वयं प्रकाशमान है, उसे कोई ज्योति प्रकाशित नहीं करती।

परम-कोश, हृदय-आकाश में निर्मल, निष्कल, प्रकाशमय ब्रह्म विराजमान है। वह शुद्ध ब्रह्म-ज्योतियों की परम ज्योति है। आत्मज्ञानी पुरुष ही उस शुद्ध स्वरूप को जानते हैं और बाह्य प्रीतियों का अनुसरण करनेवाले उस अंतर में विराजमान रहनेवाली उस ज्योति को नहीं जानते।

"ब्रह्मैवेदममृतं पुरस्ताद् ब्रह्म पश्चात् ब्रह्म दक्षिणतश्चोत्तरेण।
अधर्चोध्व च प्रसृतं ब्रह्ममैवेदं विश्वमिदं वरिष्ठतम्॥"

प्रकाशमान भगवान् को जाननेवाला ऐसी धारणा करे कि जो कुछ दिखाई पड़ रहा है, यह सब अविनाशी ब्रह्म ही है। ऊपर-नीचे, दाएँ-बाएँ, आगे-पीछे, उत्तर-दक्षिण में ब्रह्म ही फैला हुआ है। यह सारा विश्व ब्रह्म से ओत-प्रोत है और जो सबसे श्रेष्ठ है, वह सब ब्रह्म का ही प्रकाश है (मनु. 2-2-11 से)।

"स वेदैतत्परमं ब्रह्म धाम यत्र विश्वं निहितं भाति शुभ्रम्।
उपासते पुरुषं ये हयाकामस्ते शुक्रमेतदतिवर्तत्ति धीराः॥"

इस परम धाम, आश्रम रूप ब्रह्म को, जिसमें कि सारा विश्व रहता है उसे आत्म-उपासक ज्ञानी ही जान सकते हैं। जो निष्काम भक्तजन उस परम पुरुष परमात्मा की उपासना एवं ध्यान करते हैं, वे जन्म के बीज को लाँघकर जन्म-मरण से पार (मुक्त) हो जाते हैं। (मनु., 3-1-1) जो इस प्रकाश उपासना को उस प्रकाश जानता हुआ ब्रह्म के चार कलावाले प्रकाशमान हो जाता है। उसे ध्यान में प्रकाश प्राप्त होता है और निश्चय से प्रकाशवाले लोकों को ही प्राप्त करता है। भगवान् को असीम प्रकाशमय समझकर आराधना करना ही प्रकाश उपासना है—

"प्रकाश पार प्रभु सब उर बासी।
ब्रह्म निरीह बिरज अविनासी॥
इहाँ मोह कर कारन नाही।
रबि सन्मुख तम कबहुँ कि जाहीं॥"

(रामचरितमानस से)

वह परम प्रकाश प्रभु प्रकृति से परे, अंतर्यामी, ब्रह्म, इच्छारहित, निर्विकार व अविनाशी है। यहाँ मोक्ष का कारण ही नहीं है। अंधकार

क्या सूर्य के सामने जा सकता है। मानव के अंदर जो अज्ञान का अँधेरा है वह लाख उपायों को करने से नहीं मिट सकता, जब वो मानव भगवान् के ज्योतिष्मान स्वरूप को जानकर उपासना एवं आराधना करता है वह इस लोक में ज्योतिवाला हो जाता है उसे महान् प्रकाशमान ज्योति दिखाई देने लगती है और वह तेजोमय लोकों को प्राप्त करता है। इसी को भगवान् के ज्योतिष्मान स्वरूप की उपासना कहा है। इसके अलावा वह कितने उपाय कर ले उसका जीवन-मरण का चक्कर नहीं मिटता, जैसे सूर्य के बिना अँधेरा नहीं मिटता।

"राकापति षोडस उअहिं, तारागन समुदाय।
सकल गिरिन्ह दव लाइअ, बिनु रवि राति न जाय॥"

चाहे सब तारों के साथ चंद्रमा सोलह कलाओं से उदित हो जाय तथा सभी पर्वतों में आग लगा दी जाय, परंतु सूर्य के उदय हुए बिना रात नहीं जाती।

"ऐसेहिं हरि बिनु भजन खगेसा।
मिटहि न जीवन्ह केर कलेस॥
हरि सेवकहि न व्याप अबिधा।
प्रभु प्रेरित ब्यापइ तेहि बिधा॥"

भुशुंडिजी कहते हैं– हे गरुड़जी! ऐसे ही बिना हरि भजन के जीवों का क्लेश नहीं मिटता। हरि भक्त को अविद्या नहीं व्यापती। प्रभु की प्रेरणा से विद्या व्यापती है।

यर्मिद्यतणभ्योणु च यस्मिंल्लोका निहिता लाकिनश्च तदेतदक्षरं।
ब्रह्म स प्राणस्तदु वाङ्मनः तदेतत्सत्यं तदमृतं तद्धोद्धव्य सोम्य विद्धि॥

वह ईश्वर प्रकाशमय और सूक्ष्म पदार्थों से भी सूक्ष्म है उसी में सभी लोक और लोकवासी निवास करते हैं। वह अविनाशी और बहुत ही महान् है। वही सबका प्राण, वाणी और मन है। वह सत्य और अमृत है। वह ध्यान के द्वारा बीधा जाता है, अर्थात् उसी का ध्यान लगाना चाहिए। उसको पाने के लिए, हे प्यारे! तू उस परमेश्वर की परम ज्योति में ध्यान लगा।

धनुर्गुहीत्वौपनिषद महास्त्रं शरं हयपासा निशितं सधयेत्।
आयम्य तद्भावगतेन चेतासा लक्ष्यं तदेवाक्षरं सोम्य विधि॥

ध्यान की विधि को बताते हुए मुनि कहते हैं—तू उपनिषद् द्वारा वर्णित ब्रह्म-विद्या के महान् अस्त्र रूप धनुष को ध्यान से तीखा तीर लगा। हे प्यारे! परमेश्वर के परम प्रकाश स्वरूप में एकाग्रचित्त से सुरति रूपी धनुष-डोरी को खींचकर उस अविनाशी को बींध।

न ह्येतस्मादिति नेत्यन्यत्परमस्तयथ नाम धेयम्।
सत्यस्य सत्यमति। प्राण वै सत्यम् तेषामेष सत्यम्॥

इस आत्म-ध्यान समाधि में ऐसा चमत्कार रूप दिखाई दिया करता है, जैसे कि कसुभे में रँगा हुआ वस्त्र, भेड़ के लोम, इंद्रधनुष का रंग जो वर्षा-काल में आकाश में प्रकट होता है। अग्नि ज्वाला, स्वेद कमल और एक साथ जैसे विद्युत् प्रकाश हो। जो उपासक आत्मा के इन परिचायक चमत्कारों को जानता है, उसकी लक्ष्मी व शोभा-प्रबलता से एक बार चमकती हुई बिजली के समान ज्योतिमान ही हो जाती है। इससे आगे आत्म संबंधी कोई उपदेश नहीं है। तथा इस आत्मा का नाम ही सत्य का सत्य है। इंद्रियों में जो चेतनता और विनाश करनेवाला है, वह आत्मा सत्य है। यही आत्मा सत्य और अमर-सत्ता है।

नीहार धूमार्कानिलानलाना खद्येत विद्युत्स्फटिकशशीनाम्।
एतानि रूपाणि पुरः सराणि ब्रह्मण्यभि व्यक्ति कराणि योगे॥

कुहरा, धुआँ, सूर्य, चंद्रमा, तारागण, बिजली, अग्नि, वायु, जुगनू, स्फटिक मणि आदिकों के सदृश चमत्कार-रूप, प्रकाश-योग में पहले-पहल दिखाई देनेवाले, परमेश्वर की प्राप्ति करानेवाले होते हैं। ये सारे आत्मिक दृश्य भगवान् के परिचायक हैं। ध्यान योग में ऐसी लीलाएँ सद्गुरु की कृपा से भक्तों को आप-ही-आप दिखाई पड़ती हैं।

दिवि सूर्य सहस्रस्य भवेद्युगपदुत्थिता।
यदिभा सदृशी या स्यादभासस्तस्य महात्मनः॥

आकाश में हजारों सूर्यों का तेज एक साथ प्रकाशित हो उठे तो वह तेज उस महात्मा के तेज जैसा कदाचित् ही हो।

(गीता : 11-12)

अभ्यासयोग युक्तेन चेतसा नान्यागामिनः।
परम पुरुषं दिव्यं याति पाथार्नु चिंतयन्॥

(गीता : 8-8)

कवि पुराणमनु शासितार मनोरणीयां समनुस्मरेघः।
सर्वस्य धातारमचिन्त्यरूप मादित्यवर्णंतमसः परस्तात्॥
भ्रूवोर्मध्ये प्राणमावेश्य सम्यक् स तं परं पुरुषमुपैति दिव्यम्॥

(गीता : 8-10)

भगवान् श्रीकृष्ण कहते हैं – हे पार्थ! यह नियम है कि परमेश्वर के ध्यान के अभ्यास रूप योग से युक्त अन्य तरफ न जानेवाले चित्त से निरंतर चिंतन करता हुआ पुरुष परम प्रकाश स्वरूप, दिव्य परम पुरुष अर्थात् परमेश्वर को ही प्राप्त होता है। इससे जो पुरुष सर्वज्ञ, अनादि, सबके नियंता, सूक्ष्म से भी अति सूक्ष्म, सबके धारण-पोषण करनेवाले अचिंत्य स्वरूप, सूर्य के सदृश, नित्य चेतन, प्रकाश रूप अविद्या से अति परे शुद्ध सच्चिदानंद घन परमात्मा को स्मरण करता है, वह भक्तियुक्त पुरुष अंतकाल में भी योगबल से भृकुटि के मध्य में प्राण को अच्छी तरह स्थापन करके निरंतर मन से परमेश्वर का स्मरण करता हुआ उस दिव्य स्वरूप परम पुरुष परमात्मा को ही प्राप्त होता है।

''बहिर्जगत में खोज रहे हो, एक झलक भर जिसकी।
अंतर्जगत में देखो तो तुम, ज्योति जग रही जिसकी॥
आकाशे यत्र शब्दःस्यांतदाज्ञाचक्र मुच्यते।
तत्रात्मानं शिवं ध्यात्वा योगी मुक्तिमबाप्नुयात्॥

(गो. प., श्लोक 73)

निर्मलं गगनाकारं मरीचि जल सन्निभम्।
आत्मानं सर्वगं ध्यात्वा योगी मुक्तिमबाप्नुयात्॥

जिस तत्त्व से शब्द प्रकट होता है, ऐसा आकाश तत्त्व मन का स्थान है। वही भ्रू-मध्य में आज्ञाचक्र कहलाता है। इसमें रहनेवाले शिव रूप आत्मा का ध्यान करने से योगी कैवल्य मुक्ति पद पाता है। आज्ञाचक्र के ऊपर शून्य स्थान में करने योग्य ध्यान है। स्वरूप को आच्छादित करनेवाले, मलिन संबंध से रहित, आकाश के समान, एकाकार, सर्वव्यापक, प्रकाशमान, तेजस्वरूप का ध्यान करने से योगी मुक्ति को प्राप्त होता है।

16वें नेत्र के आधार के मूल में अँगुली से मीचने पर वर्तुलाकार, बिंदु समान, इंद्र धनुष के समान रंग, जगमग ज्योति दीखती है। इस ज्योति के देखने का अभ्यास करने से ज्योति प्रत्यक्ष प्रकट होती है। दोनों भवों के मध्य में तथा मन के ऊपर जो ओंकार मयतेज-वलीयुक्त शिखा

है, वही तेजोध्यान है अर्थात् ज्योति ध्यान है वही ज्योतावाली है। पहले आसन से बैठकर शरीर को स्थिर करे और फिर चित्त की एकाग्रता से दोनों नेत्रों को बंद करके अंदर से मन की वृत्ति रूप दृष्टि दोनों से भवों के मध्य में ध्यान लगाना चाहिए। शिवपुराण में भगवान् शिव पार्वती को ज्ञान देते हुए कहते हैं– एकांत स्थान में अपने सुखद आसन पर बैठकर चंद्रमा और सूर्य (वाम और दक्षिण नेत्र) की क्रांति से प्रकाशित मध्यवर्ती देश भ्रूमध्य में जो अग्नि का तेज अव्यक्त रूप से प्रकाशित होता है उसे आलस्य-रहित योगी दीपक-रहित अंधकारपूर्ण स्थान में चिंतन करने पर निश्चय ही देख सकता है– इसमें संशय नहीं है। योगी अपने गुरु की कृपा (सहायता) से हाथ की अँगुलियों से यत्नपूर्वक दोनों नेत्रों में मूल को कुछ-कुछ दबाए रखे और उनके तारों को देखता हुआ यानी वरण करता हुआ एकाग्रचित्त हो आधे मुहूर्त तक उन्हीं का चिंतन करे। तदनंतर अंधकार में भी ध्यान करने पर वह उस ईश्वरीय ज्योति को देख सकता है। वह ज्योति काले आकाश में सफेद, लाल, पीली तथा इंद्रधनुष के समान रंगवाली होती है। भौंहों के मध्य में ललाटवर्ती बाल सूर्य के समान तेजवाले उन भर्गदेव का साक्षात्कार करके योगी कारण तत्त्व को शांत करके, मन के द्वारा सबकुछ देखना, दूर की बातों को सुनना और जानना इत्यादि सिद्धियों को निरंतर अभ्यास के प्रभाव से प्राप्त कर लेता है।

स्वयं ज्योतिर्मयो भूत्वा योगी तद्गत्मानसाः।
ब्रह्मण्येव लयं यादि परे ज्योति स्वरूपणी॥
सूक्ष्मतां चन्यवेक्षेत योगेन परमात्मनः।
देहेषु च समुत्पत्ति मुतमेश्वरधमेषू च॥

योगी उस ज्योति के ध्यान की तत्परायणता से स्वयं भी ज्योति स्वरूप हुआ परम ज्योति स्वरूप में समा जाता हैं। योग-अभ्यास द्वारा परमात्मा के सूक्ष्म स्वरूप का ध्यान करे और उत्तम तथा अधम योनियों में कर्मों के द्वारा शुभ-अशुभ फल-भोगों की उत्पत्ति के कारण पर भी विचार करना चाहिए। भगवान् अर्जुन से कहते हैं– हे अर्जुन! योग अभ्यासी पुरुष बाहर के विषय-भोगों का चिंतन न करते हुए बाहर ही त्यागकर और नेत्रों की दृष्टि को भृकुटि के मध्य में स्थिर करके तथा नासिका में विचरनेवाले प्राण और अपान वायु को सम करे। जीती हुई इंद्रियाँ मन और बुद्धि जिसकी ऐसा जो मोक्ष-परायण मुनि इच्छा, भय, क्रोध से रहित

है वह सदा मुक्त ही है। चित्त की जो शांत अवस्था है, उसे ही मुनि 'समाधि' कहते हैं।

**"समाधि च परं योगं बहुभोग्य न लभ्यते।
गुरोः कृपाप्रसादेन प्राप्यते गुरुभक्तितः॥"**

समाधि योग से परे कोई योग नहीं है यह योग भक्ति के अभ्यास से तथा गुरु-कृपा से प्राप्त होता है। भगवान् शिव ने पार्वती को उस ब्रह्म शब्द का ज्ञान देते हुए कहते हैं– योगवेत्ता पुरुष को चाहिए कि सुखद आसन पर बैठकर विशुद्ध श्वास द्वारा योगाभ्यास करे। रात में जब सब लोग सो जाएँ, उस समय दीपक बुझाकर अंधकार में योग धारण करे। अपनी तर्जनी अँगुली से दोनों कानों को बंद करके दो घड़ी तक (अड़तालीस मिनट) दबाए रखें। उस अवस्था में अग्नि-प्रेरित शब्द सुनाई देता है। इससे संध्या के बाद का खाया हुआ अन्न क्षण भर में पच जाता है और संपूर्ण रोगों तथा ज्वर आदि बहुत से उपद्रवों का शीघ्र नाश कर देता है। जो साधक प्रतिदिन इसी प्रकार दो घड़ी तक शब्दब्रह्म का साक्षात्कार करता है, वह मृत्यु एवं काम को जीतकर इस जगत् में स्वच्छंद विचरता है और सर्वज्ञ समदर्शी होकर संपूर्ण सिद्धियों को प्राप्त कर लेता है। जैसे आकाश में वर्षा से युक्त बादल गरजता है उसी प्रकार उस शब्द को सुनकर योगी तत्काल संसार-बंधन से मुक्त हो जाता है। तदनंतर योगियों द्वारा प्रतिदिन चिंतन किया हुआ वह शब्द क्रमशः सूक्ष्म से सूक्ष्मतर हो जाता है। देवि! इस प्रकार मैंने तुम्हें शब्द-ब्रह्म के चिंतन का क्रम बताया है। जैसे धान चाहनेवाला पुरुष **पुआल** को छोड़ देता है, उसी प्रकार मोक्ष की इच्छावाला योगी सारे बंधनों को त्याग देता है। यह शब्द-ब्रह्म ही सुखद, मोक्ष का कारण, बाहर-भीतर भेद-रहित, अविनाशी और समस्त उपाधियों से रहित **परब्रह्म** है। इसे जानकर मनुष्य मुक्त हो जाते हैं। मनुष्य तभी तक संसार में जन्म लेते हैं, जब तक सबके आश्रयभूत परम तत्त्व (परमब्रह्म– परमात्मा) की प्राप्ति नहीं होती। परम तत्त्व का ज्ञान हो जाने पर मनुष्य जन्म-मृत्यु के बंधन से मुक्त हो जाता है। निद्रा और आलस्य साधना का बहुत विघ्न है। इस शत्रु को यत्नपूर्वक जीतकर सुखद आसन पर आसीन हो प्रतिदिन शब्द-ब्रह्म का अभ्यास करना चाहिए। यह शब्द-ब्रह्म न ओंकार है, न मंत्र है, न बीज है, न अक्षर है। यह अनहद नाद है। इसका उच्चारण किए बिना ही चिंतन होता है।

यह शब्द-ब्रह्म परम कल्याणमय है। प्रिये! शुद्ध बुद्धिवाले पुरुष यत्नपूर्वक निरंतर इसका अनुसंधान करते हैं। अतः नौ प्रकार के शब्द बताए गए हैं, जिन्हें प्राणवेत्ता पुरुषों लक्षित किया है। मैं उन्हें प्रयत्न करके बता रहा हूँ – वे शब्द क्रमशः इस प्रकार हैं– घोष, कांस्य, शृंग, घंटा, वीणा, बाँसुरी, दुंदुभि, शंख, नवा, मेघ गर्जन – इन नौ प्रकार के शब्दों को त्यागकर तुंकार का अभ्यास करे। इस प्रकार सदा ही ध्यान करनेवाला योगी पुण्य और पापों से लिप्त नहीं होता है। हे देवि! योगाभ्यास के द्वारा सुनने का प्रयत्न करने पर भी जब योगी उन शब्दों को नहीं सुनता और अभ्यास करते-करते मरणासन्न हो जाता है, तब भी वह दिन-रात उस अभ्यास में ही लगा रहे। ऐसा करने से सात दिनों में वह शब्द प्रकट होता है, जो मृत्यु को जीतनेवाला है। देवि! वह शब्द नौ प्रकार का है। उसका मैं यथार्थ रूप से वर्णन करता हूँ। पहले तो घोषात्मक नाद प्रकट होता है, जो आत्मशुद्धि का उत्कृष्ट साधन है। वह उत्तम नाद सब रोगों को हर लेनेवाला तथा मन को वशीभूत करके अपनी ओर खींचनेवाला है। दूसरा कांस्यनाद है, जो प्राणियों की गति को स्तंभित कर देता है। वह विष, भूत और ग्रह आदि को बाँधता है – इसमें संशय नहीं है। तीसरा शृंगनाद है, जो अभिचार से संबंध रखनेवाला है। उसका शत्रु के उच्चाटन और मारण में नियोग एवं प्रयोग करे। चौथा घंटानाद है, जिसका साक्षात् परमेश्वर शिव उच्चारण करते हैं। वह नाद संपूर्ण देवताओं को आकृष्ट कर लेता है, फिर भूतल के मनुष्यों की तो बात ही क्या है। यक्षों और गंधर्वों की कन्याएँ उस नाद से आकृष्ट हो योगी को उसकी इच्छानुसार महासिद्धि प्रदान करती हैं तथा अन्य कामनाएँ भी पूर्ण करती हैं। पाँचवाँ नाद वीणा है, जिसे योगी पुरुष ही सदा सुनते हैं। देवि! उस वीणानाद से दूर-दर्शन की शक्ति प्राप्त होती है। वंशीनाद का ध्यान करनेवाले योगी को संपूर्ण तत्त्व प्राप्त हो जाता है। दुंदुभि का चिंतन करनेवाला साधक जरा और मृत्यु के कष्ट से छूट जाता है। हे देवेश्वरि! शंखनाद का अनुसंधान होने पर इच्छानुसार रूप धारण करने की शक्ति प्राप्त हो जाती है। मेघनाद के चिंतन से योगी को कभी विपत्ति का सामना नहीं करना पड़ता। जो प्रतिदिन एकाग्रचित्त से ब्रह्म रूपी तुंकार का ध्यान करता है, उसके लिए कुछ भी असाध्य नहीं होता। उसे मनोवांछित सिद्धि प्राप्त हो जाती है। वह सर्वज्ञ, सर्वदर्शी और इच्छानुसार रूपधारी होकर सर्वत्र (सभी

जगह) विचरण करता है। कभी विकारों के वशीभूत नहीं होता। वह साक्षात् शिव ही है, इसमें संशय नहीं है। परमेश्वरी! इस प्रकार मैंने तुम्हारे समक्ष शब्द-ब्रह्म के नवधा स्वरूप का पूर्णतया वर्णन किया है। इस नवधा भक्ति को प्राप्त करके मानव अपने **पिंड से अनंत तक** के शब्दों को सुन सकता है।

भगवान् शिव ने कहा – अब मृत्यु पर विजय पाने की पुनः दूसरी विधि बता रहा हूँ, जिसे देवताओं ने भी प्रयत्नपूर्वक छिपा रखा है। तुम उसे सुनो।

योगी पुरुष अपनी जिह्वा को पीछे की तरफ मोड़कर तालु में लगाने का प्रयत्न करे। कुछ काल तक ऐसा करने से वह क्रमशः लंबी होकर गले की घाँटी तक पहुँच जाती है। तदनंतर जब जिह्वा से गले की घाँटी सटती है, तब शीतल सुधा का स्राव करती है। उस सुधा को जो योगी सदा पीता है, वह अमरत्व को प्राप्त होता है। (शिवजी पार्वती को उपदेश करते हैं, यह भाग संक्षिप्त शिवपुराण उमासंहिता से लिया गया) अब आगे शक्तिमान् ईश्वर शिव की कृपा से —वामदेव के पूछने पर – स्कंदजी ने कैलाससंहिता (शिवपुराण) के माध्यम से ईश्वर के उस पावन नाम के स्पंदन को, जो शिवतत्त्व है, जो शिव और शक्ति के संयोग से निरंतर आनंद को प्राप्त रहता है। स्कंदजी कहते हैं – अतः मुने! उस आनंद को प्राप्त करने के उद्देश्य से ही पापरहित मुनि शिव में मन लगाकर निरामय शिव को प्राप्त हुए हैं। उपनिषदों में शिव और शक्ति को ही सर्वात्मा एवं ब्रह्म कहा गया है, यानी मानव शिव और उसमें आत्म-तत्त्व ही शक्ति है शिव में मन लगाकर शक्ति को प्राप्त किया करते हैं।

ब्रह्म शब्द से बृंहि-धात्वर्थगत व्यापकता एवं सर्वात्मता का ही प्रतिपादन होता है। शंभु नामक विग्रह में बृंहणत्व और बृहत्व (व्यापकता एवं विशालता) नित्य विद्यमान है। सधो जाताहि पंचब्रह्ममय शिवविग्रह में विश्व की उत्पत्ति ब्रह्म शब्द से ही कही गई है। 'हंसः' पद को उलट देने से **'सोऽहम्'** पद बनता है। उसमें प्रणव का प्राकट्य कैसे होता है, यह तुम्हारे स्नेहवश बता रहा हूँ, सावधान होकर सुनो।

'सोऽहम्' पद से सकार और हकार नामक व्यंजनों को त्याग देने से स्थूल, 'ओम्' शब्द बच जाता है, जो परमात्मा का वाचक है! तत्त्वदर्शी मुनि कहते हैं कि उसे महामंत्र रूप जानना चाहिए। उसमें जो सूक्ष्म

महामंत्र है, उसका उद्धार मैं तुम्हें बता रहा हूँ। **'हंसः'** पद में तीन अक्षर हैं– 'ह, अ, स'। इन तीनों से जो **'अ'** है, वह पंद्रहवें (अनुस्वार) और सोलहवें (विसर्ग) के साथ है। सकार के साथ जो 'अ' है, वह विसर्ग सहित है; वह यदि सकार के साथ ही उठकर 'हं' के आदि में चला जाय तो 'हंसः' के विपरीत 'सोऽहम्' यह महामंत्र हो जाएगा। इसमें जो सकार है, वह शिव का वाचक है। अर्थात् शिव ही सकार के अर्थ माने गए हैं। शक्त्यात्मक शिव ही इस महामंत्र के वाच्यार्थ हैं, यह विद्वानों का निर्णय है। गुरु जब शिष्य को इस महामंत्र का उपदेश देते हैं, **'सोऽहम्'** पद से उसको शक्त्यात्मक शिव का ही बोध कराना अभीष्ट होता है। अर्थात् वह यह अनुभव करे कि मैं शक्त्यात्मक शिव रूप हूँ। इस प्रकार जब यह महामंत्र जीवपरक होता है अर्थात् जीव की शिवरूपता का बोध कराता है, तब पशु (जीव) अपने को शक्त्यात्मक एवं शिव का अंश जानकर शिव के साथ अपनी एकता सिद्ध हो जाने से शिव की समता का भागी हो जाता है। यानी शिव समान हो जाता है, 'हंस' के उलटे नाम को 'सोऽहम्' होता है। इसलिए रामचरितमानस में भी लिखा है–

"उलटा नाम जपा जग जाना।
बाल्मीकि भए ब्रह्म समाना॥"

राम का जो नाम (सोऽहं) है उसे सीधा करने पर **हंसो** होता है परंतु वाल्मीकि ने उल्टा नाम (सोऽहम्) अपने हृदय में जानकर जाप किया जिससे उन्हें संसार ने जाना और स्वयं ब्रह्म के समान हुए। जीव भी ईश्वर तत्त्व है तथा स्वयं को जानकर स्वयं ब्रह्म हो जाता है। पृथ्वी तत्त्व से लेकर क्रमशः शिवतत्त्व तक जो तत्त्वों का समूह है वही 'ब्रह्मांड' है, वही सारे तत्त्वों का तत्त्व है, कोटि-कोटि ब्रह्मांडों का तत्त्व है। हे मुनीश्वर! ज्ञान और क्रिया– इन दोनों शक्तियों में जब ज्ञान का आधिक्य हो, तब उसे सदाशिव तत्त्व समझना चाहिए; जब क्रिया शक्ति का उद्रेक हो तब उसे महेश्वर तत्त्व समझना चाहिए तथा जब ज्ञान व क्रिया दोनों शक्तियाँ समान हों तब वहाँ शुद्ध विद्यात्मक तत्त्व समझना चाहिए। समस्त भाव-पदार्थ परमेश्वर के अंगभूत ही हैं; तथापि उनमें जो भेद-बुद्धि होती है, उसका नाम माया-तत्त्व है। जब शिव अपने परम ऐश्वर्यशाली रूप को माया से निगृहीत करके संपूर्ण पदार्थों को ग्रहण करने लगता है, तब उसका नाम 'पुरुष' होता है।

'तत्सृद्ष्वा तेदवानु प्राविशत्'– (उस शरीर को रचकर स्वयं उसमें प्रविष्ट हुआ) जिस तरह मानव अपना मकान बनाकर स्वयं उसी में रहता है, इसी तरह परमात्मा से अलग हुआ आत्म-तत्त्व स्वयं का निर्माण करता है। इसी तरह कोटि-कोटि ब्रह्मांडों को भी समझना चाहिए। इससे यह सिद्ध हुआ कि मैं ही मैं हूँ। आगे स्कंदजी के महावाक्य प्रस्तुत कर रहा हूँ परंतु ये गूढ़ तत्त्व समझने के लिए **ई** + **स्वरीय** ज्ञान जरूरी है, यानी गुरुकृपा के बिना सारा लेख समझ लेना दुर्लभ है। इस शरीर में जो आत्म-तत्त्व मैं हूँ – क्या हूँ – स्कंदजी अपने महावाक्य क्रमशः प्रस्तुत करते हैं–

1. प्रज्ञान ब्रह्म
2. अहं ब्रह्मास्मि
3. तत्त्वमसि
4. अयमात्मा ब्रह्म
5. ईशावास्यमिदं सर्वम्
6. प्राणोऽस्मि
7. प्रज्ञानात्मा
8. यदेह तदमुत्र तदन्विह
9. अन्यदेव तद्विदितादथो-अविदितादधि
10. एष तं आत्मान्तर्याम्यमृतः
11. स यश्चायं पुरुषो यश्चासावादित्ये स एकः
12. अहमस्मि परं ब्रह्म परापरपरात्परम्।
13. वेदशास्त्रगुरुणां तु स्वयमानन्दलक्षणम्।
14. सर्वभूत स्थितं ब्रह्म तदेवाहं न संशयः।
15. तत्त्वस्थ प्राणोऽहमस्मि पृथिव्याः प्राणोऽहमस्मि,
16. अपां च प्राणोऽहमस्मि तेजसश्च प्राणोऽहमस्मि,
17. वायोश्च प्राणोऽहमस्मि आकाशस्थ प्राणोऽहमस्मि,
18. त्रिगुणस्य प्राणोऽहमस्मि,
19. सर्वोऽहं सर्वात्मको संसारी यद्भूतं यच्च भव्यं यद्वर्तमानं सर्वात्मकत्वाद् द्वितीयोऽहम्
20. सर्व खल्विदं ब्रह्म
21. सर्वोऽहं विमुक्तोऽहम्,

22. योऽसौ सोऽहं हंसः सोऽहमस्मि।

इन वाक्यों का साधारण अर्थ यों समझना चाहिए–

1. ब्रह्म उत्कृष्ट ज्ञानस्वरूप अथवा चैतन्य रूप है।
2. वह ब्रह्म मैं हूँ।
3. वह ब्रह्म तू है।
4. यह आत्मा ब्रह्म है।
5. यह सब ईश्वर से व्याप्त है।
6. मैं प्राण हूँ।
7. मैं ही प्रज्ञान स्वरूप हूँ।
8. जो परब्रह्म यहाँ है वही वहाँ (परलोक में) भी है; जो वहाँ है, वही यहाँ (इहलोक में) भी है।
9. वह ब्रह्म विदित से भिन्न है और अविदित (अज्ञात) से ऊपर है।
10. वह तुम्हारा आत्मा अंतर्यामी अमृत है।
11. वह जो यह पुरुष में है और वह जो यह आदित्य (सूर्य) में है, एक ही है।
12. मैं परात्पर स्वरूप परात्पर परब्रह्म ही हूँ।
13. वेदों, शास्त्रों और गुरुजनों के वचनों से स्वयं ही हृदय में आनंद स्वरूप ब्रह्म का अनुभव होने लगता है।
14. जो संपूर्ण भूतों में स्थित है, वही ब्रह्म मैं हूँ– इसमें संशय नहीं है।
15. मैं ही तत्त्व का प्राण हूँ, पृथ्वी का प्राण हूँ।
16. मैं जल का प्राण हूँ, तेज का भी प्राण हूँ।
17. मैं वायु का प्राण हूँ, आकाश का प्राण हूँ।
18. मैं त्रिगुण (सत-रज-तम) का प्राण हूँ।
19. मैं सब हूँ, सर्वरूप हूँ, संसारी जीवात्मा हूँ, जो भूत, वर्तमान और भविष्य है, वह सब मेरा ही स्वरूप होने के कारण मैं ही अद्वितीय परमात्मा हूँ।
20. यह सब निश्चय ही ब्रह्म है।
21. मैं सर्वरूप हूँ, मुक्त हूँ।
22. जो वह है, वह मैं ही हूँ। मैं वह हूँ और वह मैं हूँ।

मानव जब तक शरीर से संबंध बनाए रखेगा, तब तक उसे ईश्वर

का संपर्क नहीं हो सकता। हमें अपने शरीर से प्राणों को अलग नहीं करना है– हमें अपने शरीर से ध्यान हटाना है, यानी मैं शरीर नहीं हूँ। शरीर मेरा मकान (घर) है। इसका सिर्फ स्वास्थ्य का ध्यान रखना है, बाकी स्थान मैं क्या हूँ इसकी खोज करो, जानो। संतों और ज्ञानियों की सेवा करो, उनकी पहचान करो। वे हर गुणों में सबसे अलग दिखते हैं, उनसे कुछ कामना से सेवा मत करो, कामना तो स्वयं पूर्ति होती है। क्योंकि सर्वशक्तिमान शक्ति स्वयं हो, फिर किसी के सामने क्यों झोली फैलाए, अगर कामना करे तो स्वयं को जानने की, सेवा करने की, ज्ञानी से ज्ञान की कामना, संत से उस अनंत की कामना, आत्मा में परमात्मा के साक्षात्कार होने की कामना करनी चाहिए।

उपमन्यु अपने परम शिष्य **कृष्ण** से कहते हैं – हे प्रिय शिष्य श्रीकृष्ण!

"नास्ति ध्यानसमं तीर्थं नास्ति ध्यानसमं तपः।
नास्ति ध्यानरूपो यज्ञस्तस्माद्ध्यानं समाचरेत्॥
यथा वह्निर्महादीप्तः शुष्कमार्द्रं च निर्दहेत्।
तथा शुभाशुभं कर्म ध्याग्निर्दहते क्षणात्॥
ध्यायतः क्षणमात्रं वा श्रद्धया परमेश्वरम्।
यद्भवेत् सुमहच्छ्रेयस्तस्यान्तो नैव विद्यते॥"

ध्यान के समान कोई तीर्थ नहीं है, ध्यान के समान कोई तप नहीं है और ध्यान के समान कोई यज्ञ नहीं है। इसलिए ध्यान अवश्य करे – जैसे प्रज्वलित हुई आग सूखी और गीली लकड़ी को भी जला देती है, उसी प्रकार ध्यानाग्नि शुभ और अशुभ कर्म को भी क्षण भर में दग्ध कर देती है। जैसे बहुत छोटा दीपक भी महान् अंधकार का नाश कर देता है, इसी तरह थोड़ा सा योगाभ्यास भी महान् पाप का विनाश कर डालता है। श्रद्धापूर्वक क्षण भर भी परमेश्वर का ध्यान करनेवाले पुरुष को जो महान् श्रेय प्राप्त होता है, उसका कहीं अंत नहीं है। अपने आत्मा एवं परमात्मा का बोध प्राप्त करने के कारण योगी जन (परमात्मा से जुड़नेवाले पुरुष) केवल जल से भरे हुए तीर्थों और पत्थर एवं मिट्टी की बनी हुई देव मूर्तियों का आश्रय नहीं लेते। वे अपने हृदय के अंदर विराजमान परम प्रकाश रूप परमात्मा के ध्यान में लगे रहते हैं। जैसे अयोगी पुरुषों को मिट्टी, पत्थर, काठ आदि की बनी हुई स्थूल मूर्तियों का प्रत्यक्ष होता है, उसी प्रकार योगियों को ईश्वर के सूक्ष्म स्वरूप का प्रत्यक्ष दर्शन होता है।

ध्याता, ध्यान, ध्येय और ध्यान प्रयोजन– इन चार को जानकर ध्यान करनेवाला पुरुष ध्यान करे। जो ज्ञान और वैराग्य से संपन्न हो, सदा शांतचित्त रहता हो, श्रद्धालु हो और जिसकी बुद्धि प्रसादगुण से युक्त हो, ऐसे साधक को ही सत्पुरुषों ने ध्याता कहा है। ध्यान योग के लिए एकांत स्थान हो, जहाँ जीव-जंतु न रहते हों, कोलाहल न होता हो और किसी बाधा की संभावना न हो– ऐसा स्थान घर में ही एकांत में हो। स्थान साफ-सुथरा, सुगंध और धूप से सुवासित करके, जिससे मन और आत्मा साफ़ शुद्ध हो जाए, फिर वहाँ योगाभ्यास करे– यानी ध्यान द्वारा ईश्वर से जुड़ने का अभ्यास करे।

अग्नि के निकट, जल के समीप और सूखे पत्तों के ढेर पर योगाभ्यास नहीं करना चाहिए। जहाँ मच्छर भरे हों, साँप और हिंसक जंतुओं की अधिकता हो, भय की संभावना हो, ऐसे स्थान पर योगाभ्यास नहीं करना चाहिए। श्मशान में, चैत्य वृक्ष के नीचे, बाँबी के निकट, जीर्ण-शीर्ण घर गें, चौराहे पर, नदी-नद और समुद्र के तट पर, गली या सड़क के बीच में, उजड़े हुए उद्यान में, गोष्ठ आदि अनिष्टकारी और निंदित स्थान में भी योगाभ्यास न करे। जब शरीर में अजीर्ण का कष्ट हो या खट्टी डकार आती हो, अधिक भोजन कर लिया हो या अधिक परिश्रम के कारण थकावट हुई हो, जब मनुष्य अत्यंत चिंता से व्याकुल हो या अधिक भूख सता रही हो, उस अवस्था में योगाभ्यास नहीं करना चाहिए। साधना करनेवाले पुरुष के आहार-विहार उचित एवं परिमित हों जो कर्मों में यथायोग्य समुचित चेष्टा करता हो तथा जो उचित समय से सोता और जागता हो, आसन मुलायम, सुंदर व विस्तृत, सब ओर से बराबर और पवित्र होना चाहिए। उस पर बैठकर, पद्मासन और सुखासन, स्वस्तिकासन आदि जो यौगिक आसन हैं, उन पर अभ्यास करना चाहिए। अपने आचार्य-पर्यंत गुरुजनों की परंपरा को क्रमशः प्रणाम करके योग में स्थिर होना चाहिए। गुरु (ज्ञान देनेवाले) की कभी उपेक्षा न करे। और अपनी गरदन, मस्तक और छाती को सीधी रखे, ओठ और नेत्र अधिक सटे हुए न हों। सिर कुछ-कुछ ऊँचा हो। दाँतों से दाँतों का स्पर्श न करे।

साधनात्खेचरी मुद्रा रसनोर्ध्वगदा सदा।
तदा समाधिसिद्धः स्याद्धित्वा साधारण क्रियाम्॥

खेचरी मुद्रा को साधकर जिह्वा को तालु के छिद्र में लगाने का

अभ्यास करें। तालु के ऊपर कूप से अमृत टपकता है। उसको पान करने का अभ्यास साधन करे और इस मुद्रा को साधकर नाद को सुने, तब समाधि सिद्ध होती है।

भगवान् कहते हैं– हे अर्जुन! जिस अवस्था में योग के अभ्यास से निरुद्ध हुआ चित्त उपराम हो जाता है। और जिस अवस्था में परमेश्वर के ध्यान से शुद्ध हुई बुद्धि द्वारा परमात्मा का साक्षात्कार करता हुआ सच्चिदानंद धन परमात्मा में ही संतुष्ट होता है, उस परमेश्वर की प्राप्ति रूप लाभ को प्राप्त होकर भगवत्-प्राप्ति रूप अवस्था में स्थित हुआ योगी बड़े भारी दुःख से भी चलायमान नहीं होता। समाधि की स्थिति वही मनोहर, अलौकिक होती है। गुरु नानक साहब कहते हैं–

"जे सौ चंदा उगवें, सूरज चढ़े हजार।
ऐता चानण होदियाँ, गुरु बिन घोर अँधार॥"

तदेवार्थवात्रनिर्भासं स्वरूपशून्यमिय पातंजल विभूतिपादः।

वेदों का समाधि के विषय में केवल मात्र इतना ही अर्थ है कि निराभास होकर परमात्मा के स्वरूप में स्थिर हो जाएँ। इसी का नाम समाधि है। यही पातंजल योगशास्त्र में वर्णन किया गया है।

यह सहज समाधि है और कठिन तप भी। जब साधक साधना करते-करते समान अवधि में रहने लगता है, पाप-पुण्य, भाव-कुभाव, अपना-पराया, अच्छा-बुरा, स्त्री-पुरुष, पशु-पक्षी, जीव-जंतु, चर-अचर में जब साधक सारे संसार को समान दृष्टि में देखने लगता है और उस साधक पर संसार के भाव का कोई प्रभाव नहीं पड़ता तो इसे भी समाधि ही कहते हैं। जब किसी व्यक्ति का देहांत हो जाता है तो कहीं-कहीं उसकी पक्की समाधि भी बनवा देते हैं। और वह मृत शरीर चारों तरफ से ढक जाता है। फिर उस शरीर को बाहरी संसार से कुछ लेना-देना नहीं। न उसे कोई देख सकता है और न ही वह किसी को दिखाई देगा। इसी तरह साधक अपने शरीर के अंदर समाधि लेता है। वह संसार से अपने ध्यान को हटाकर स्वयं (आत्म-तत्त्व) में लगाता है और आत्म-तत्त्व से परम तत्त्व को प्राप्त होता है। जब साधक उस परमतत्त्व (परमात्मा) और उसी में परमानंद को प्राप्त होता है। उस पर संसार के दैहिक, दैविक, भौतिक तापों का कोई प्रभाव नहीं पड़ता। उसे सुख प्रभावित नहीं

करते और दुःख भी उसे विचलित नहीं कर पाते। यहाँ तक वह वरदान और शाप देने की क्षमता को प्राप्त कर लेता है। ऐसे व्यक्ति चमत्कार करके स्वयं की साधना को कम नहीं करते, परंतु ऐसे साधकों की सेवा करके, उनकी भक्ति करके लोग चमत्कारित ढंग से लाभ उठाते हैं। उनकी करुणामयी दृष्टि जिस पर पड़ जाए, उसका कल्याण हो जाता है। जो जन **ईश्वर तत्त्व** को छोड़कर **पंच तत्त्व** का पूजन करते हैं, वे तन, धन का लाभ तथा विख्यात भी हो सकते हैं; परंतु वे अपने आत्मकल्याण का लाभ नहीं उठा पाते। पाँच तत्त्व यानी पृथ्वी, जल, वायु, अग्नि, आकाश, जिनसे हमारे शरीर का निर्माण हुआ है वैसे पाँच तत्त्वों का पूजन भी अपने में परिपूर्ण है; परंतु इनका पूजन सीमित है। जैसे पाषाण की आकृति का पूजन पृथ्वी तत्त्व का पूजन है और नदियों में स्नान व जलाभिषेक करना, पूजन करना – ये जल तत्त्व का पूजन है। हवन करना, यज्ञ करना ये अग्नि तत्त्व का पूजन है और प्राणायाम व कुंभक करना ये वायु तत्त्व का पूजन है। इन सबसे जो आकाश शुद्ध होता है, ये आकाश तत्त्व का पूजन है। वैसे यह सारी तैयारी परमतत्त्व को प्राप्त करने की है। जैसे पाषाण की मूर्ति के पूजन से पृथ्वी तत्त्व प्राप्त होता है और जिनकी मूर्ति है उनके चरित्र, बाल लीला आदि से मन निर्मल होता है। और नदियों में स्नान से शरीर स्वच्छ होता है। कोई बीमारी का भय नहीं होता। शारीरिक कष्ट दूर होते हैं; क्योंकि नदियों में लोग दूध, घी, पुष्प, दीपक, दही और पहले लोग ताँबे के सिक्के आदि जल में अर्पित करते थे जिससे जल स्वच्छ हो जाता है और स्नान से शरीर भी कांतिमय हो जाता है। अग्नि में हवन करने से, श्लोक आदि पढ़ने से, सामग्री (समिधा) अग्नि में छोड़ने से जो उससे अग्नि की लपटें और धुआँ सुगंधित होकर वातावरण फैलता है। इससे वातावरण शुद्ध होता है। बीमारी, महामारी समाप्त हो जाती है। इसी तरह वायु तत्त्व का पूजन करनेवाले जन **कुंभक,** लोम-विलोम करके शारीरिक क्रियाओं को ठीक कर लेते है स्फूर्ति आ जाती है। लोग आकाश (शून्य) तत्त्व में मन रोकने की कोशिश करते हैं परंतु मन तो वहीं रुकेगा जहाँ कुछ हो, आधार हो। कुछ देर भ्रमणने के बाद वह फिर भौतिकता में वापस आता है, वह भी खाली हाथ, क्योंकि आकाश में अगर कुछ आधार हो, लक्ष्य हो तभी तो कुछ मिलेगा। यानी यह पूजा पाँच तत्त्वों की हुई परमतत्त्व की नहीं। परमात्मा विकल्प से

रहित और निराकार है। उपनिषदों में उसके स्वरूप का वर्णन किया गया है। वह अपनी इच्छा से निराकार से साकार रूप प्रकट करता है। उस परमात्मा से ही आकाश प्रकट हुआ, जो शब्द-रहित था। उस आकाश से वायु उत्पन्न हुई। तब से आकाश में शब्द होने लगा। वायु से तेज और तेज से जल का प्रादुर्भाव हुआ। जल में विश्वरूपधारी विराट् हिरण्यगर्भ प्रकट हुआ। उसकी नाभि से उत्पन्न हुए कमल से कोटि-कोटि ब्रह्मांडों की सृष्टि हुई। प्रकृति और पुरुष से ही तीनों लोकों की उत्पत्ति हुई तथा उन्हीं दोनों के संयोग से पाँचों तत्त्वों का परस्पर योग हुआ। और उस योग से मानव का जन्म हुआ और वह एक ही परमात्मा नाना रूपों में प्रतीत होता है और नाना रूपों में प्रतीत होने पर भी वास्तव में वह एक ही है, ऐसा जानना चाहिए। नाम-रूप के भेद से ही उसको इस पृथ्वी पर नाना रूपों में बतलाया जाता है। जैसे आकाश प्रत्येक घट में पृथक्-पृथक् स्थिति में जान पड़ता है, किंतु घड़ा फूट जाने पर वह एक अखंड रूप में ही उपलब्ध होता है। उसी प्रकार प्रत्येक शरीर में पृथक्-पृथक् आत्मा प्रतीत होती है, परंतु उस शरीर रूप उपाधि के भंग होने पर वह एकमात्र सुस्थिर सिद्ध होता है। संत जन सदा ही वेदांत-शास्त्र का विचार किया करते हैं। यह ब्रह्म ज्ञान ही है जिसका वर्णन आप (पाठकजन) नाना प्रकार से इस लेख में प्राप्त करने की कोशिश कर रहे हैं। शुभ और अशुभ की प्रवृत्ति में मन को ही कारण मानना चाहिए। मन के शुद्ध होने पर सब कुछ शुद्ध हो जाता है और तभी सनातन ब्रह्म का साक्षात्कार होता है। मन ही सदा अपना बंधु है और मन ही शत्रु है। मन से कितने तर गए और कितने गिर गए। बाहर से कर्म का आचरण करते हुए भी भीतर से सबका त्याग करे। इस प्रकार कर्म करके भी मनुष्य उससे लिप्त नहीं होता, जैसे कमल का पत्ता पानी में रहकर भी लेश मात्र उससे लिप्त नहीं होता। जब भक्ति रस का ज्ञान हो जाता है उस समय मुक्ति भी अच्छी नहीं लगती। भक्ति से परमात्मा की प्राप्ति होती है। वे सदा सुलभ हो जाते हैं। वेदांत-विचार से तो केवल ज्ञान प्राप्त होता है और ज्ञान से ज्ञेय। संपूर्ण वस्तुओं में भाव शुद्धि की ही प्रशंसा की जाती है। जैसा भाव रहता है वैसा ही फल होता है। जिसकी जैसी बुद्धि होती है, वह जगत् को वैसा ही समझता है। बैकुंठनाथ को छोड़कर भक्त पुरुष दूसरे मार्ग में कैसे रम सकेगा? भक्तिहीन होकर चारों वेदों को पढ़ने से क्या लाभ?

भक्तियुक्त चांडाल ही क्यों न हो, वह देवताओं द्वारा भी पूजित होता है।

**"भक्तिहीनैश्चतुर्वेदैः पठितै किं प्रयोजनम्।
श्वपचो भक्तियुक्तस्तु त्रिदशैरपि पूज्यते॥"**

(पद्मपुराण उत्तरखंड, 128/102)

जिस समय ईश्वर की स्मरणजनित प्रसन्नता से शरीर में रोमांच हो जाय और नेत्रों से आनंद के आँसू बहने लगें उस समय मुक्ति दासी बन जाती है। वाणी द्वारा किए हुए पाप का भगवान् के कीर्तन से और मन द्वारा किए हुए पाप का उनके स्मरण से नाश हो जाता है। अपने धर्म के पालन से प्राप्त धन शुक्ल द्रव्य अर्थात् विशुद्ध धन कहलाता है। शुद्ध धन से श्रद्धापूर्वक जो दान दिया जाता है, उसमें थोड़े दान से भी महान् पुण्य मिलता है, उस पुण्य की कोई गणना नहीं हो सकती। नीच पुरुषों के संग से जो धन आता हो, उसे दान करने से उसका कोई फल नहीं होता, सिर्फ संसारी व्यक्ति प्रसन्न होते हैं। यदि पुण्य करते समय शरीर में कोई कष्ट हो तो उसे पूर्वजन्म में किए हुए कर्मफल समझकर दुःख नहीं मानना चाहिए। यदि उस समय उसे कुछ सुख प्राप्त हुआ हो तो उसे पूर्व-कर्म का फल समझना चाहिए और उस पर हर्ष से फूल नहीं उठना चाहिए। जैसे स्वामी रस्सी में बँधे हुए पशु को अपनी इच्छा के अनुसार इधर-उधर ले जाया करता है, उसी प्रकार कर्मबंधन में बँधा हुआ जीव सुख और दुःख की अवस्थाओं में ले जाया जाता है। प्रारब्ध-कर्म से बँधा हुआ जीव अपने बंधन को दूर करने में समर्थ नहीं होता। देवता और ऋषि भी कर्मों से बँधे हुए हैं; क्योंकि कर्मानुसार प्राप्त हुई योनि बड़ी प्रबल है। विद्वान् पुरुष कहते हैं कि सूर्य सुंदर शरीर प्रदान करनेवाले हैं, परंतु उनके ही सारथि पंगु है। वास्तव में कर्मयोनि बड़ी प्रबल है। पूर्वकाल में भगवान् विष्णु द्वारा निर्मित संपूर्ण जगत् कर्म के अधीन है और वह कर्म श्री केशव के अधीन है। श्रीराम-नाम के जप से उसका नाश होता है। कोई देवताओं की प्रशंसा करते हैं, कोई औषधियों की महिमा गाते हैं, कोई मंत्र और उसके द्वारा प्राप्त सिद्धि की महत्ता बतलाते हैं और कोई बुद्धि, पराक्रम, उद्यम, साहस, धैर्य, नीति व बल का बखान करते हैं; परंतु मैं कर्म की प्रशंसा करता हूँ, क्योंकि सब लोग कर्म के पीछे चलनेवाले हैं। यह मेरा निश्चित विचार है तथा पूर्वकाल के विद्वानों ने भी इसका समर्थन किया है। कर्मयोग का संदेश भगवान् श्रीकृष्ण हमें गीता में देते

हैं। जितने भी अध्याय हैं हर अध्याय के साथ **योग** जुड़ा हुआ है और भगवान् श्रीकृष्ण के नामों में एक नाम 'योगेश्वर' भी है। इसीलिए अर्जुन को भी कहते हैं– **तस्मात् योगी भव अर्जुन** भगवान् कृष्ण अर्जुन को योगी होने को कहते हैं अर्थात् ईश्वर के संपर्क में रहने को कहते हैं। ईश्वर से जुड़ने को योग कहते हैं और योग का अर्थ ही है जुड़ना। इस जगत् से परे परब्रह्मस्वरूप, निरवयव, सर्वज्ञ, सर्वकर्ता, सर्वेश, निर्मल, अद्वयतत्त्व, स्वयंप्रकाश, आदि-अंत से रहित विकार शून्य परात्पर, निर्गुण सच्चिदानंद ईश्वर है, जो हमारे प्राणों में रम रहा है। उसी के अंश जीव हैं। जो अनादि अविद्या से वैसे ही आच्छादित, जैसे अग्नि में उसके अंश विस्फुल्लिंग स्थित है। सूक्ष्म शरीर के बने रहते तक पुनः-पुनः जन्म-मरण की परंपरा चलती रहती है। स्थावर, कृमि, पक्षी, पशु, मानव, धार्मिक, देवता और मुमुक्षु यथाक्रम चार प्रकार के शरीरों को धारण करके हजारों बार उनका परित्याग करते हैं। यदि पुण्य कर्म के प्रभाव से उनमें से किसी को मानव योनि मिल जाए तो उसे ज्ञानी बनकर मोक्ष प्राप्त करना चाहिए। चौरासी लाख योनियों में स्थित जीवात्माओं को बिना मानव योनि मिले तत्त्वज्ञान का लाभ नहीं मिल सकता है। तो फिर बिना मानुष जन्म के, वह जीव अपने **पिंड से अनंत तक** को कैसे प्राप्त कर सकता है, क्योंकि मानव योनि मोक्ष की सीढ़ी के समान है। इस दुर्लभ योनि को प्राप्त कर जो प्राणी स्वयं का उद्धार नहीं करता है, उससे बढ़कर पापी इस जगत् में दूसरा कौन हो सकता है –

सोपानभूतं मोक्षस्य मानुष्यं प्राप्य दुर्लभम्।
यस्तारयति नात्मानं तस्मात् पापतरोऽत्र कः॥

(गरुड़पुराण)

यह जगत् सभी दुःखों का जनक, समस्त आपदाओं का घर तथा सब प्रकार के पापों का आश्रय है। अतः इस संसार का उपयोग शरीर के लिए करना चाहिए, परंतु स्वयं नहीं फँसना चाहिए। अतः क्षण भर में ही मनुष्य को इसका परित्याग कर देना चाहिए। लौह और काष्ठ के जाल में फँसा हुआ पुरुष मुक्त हो सकता है; किंतु पुत्र एवं स्त्री के मोहजाल में फँसा हुआ वह कभी मुक्त नहीं हो सकता। मनुष्य मन को प्रिय लगनेवाले जितने पदार्थों से अपना संबंध स्थापित करता जाता है, उतनी शोक की कीलें उसके हृदय में चुभती जाती हैं। विषय का आहार करनेवाले देह

स्थित तथा सभी प्रकार के अशेष सामर्थ्य से वंचित कर देनेवाले जिन इंद्रिय रूपी चोरों के द्वारा लोक विनष्ट हो रहे हैं। हाय, यह बड़े कष्ट की बात है। जैसे मांस के लोभ में फँसी हुई मछली बंसी के काटे को नहीं देखती है, वैसे ही सुख के लालच में फँसा हुआ शरीरी जीव, यम की बाधा को नहीं देखता है।

मांसलुब्धो यथा मत्स्यो लोहशंकुं न पश्यति।
सुखलुब्धस्तथा देही यमबाधां न पश्यति॥

सत्संग और विवेक – ये दो प्राणी के मलरहित, स्वस्थ दो नेत्र हैं। जिसके पास ये दोनों नहीं हैं, वह मनुष्य अंधा है। वह कुमार्ग पर कैसे नहीं जाएगा? अर्थात् वह अवश्य ही कुमार्गगामी होगा –

"सत्सङ्गश्च विवेकश्च निर्मलं नयनद्वयम्।
यस्य नास्ति नरः सोऽन्धः कथं न स्यादमार्गगः॥"

शास्त्र तो अनेक हैं, किंतु आयु बहुत ही कम है और उसमें भी करोड़ों विघ्न-बाधाएँ हैं। इसलिए जल में मिले हुए क्षीर को जैसे हंस ग्रहण कर लेता है, वैसे ही उनके सार-तत्त्व को ग्रहण करना चाहिए –

"अनेकानि च शास्त्राणि स्वल्पायुर्विघ्नकोटयः।
तस्मात् सारं विजानीयात् क्षीरं हंस इवाम्भसि॥"

वेद शास्त्रों का अभ्यास करके जो बुद्धिमान व्यक्ति उस परमतत्त्व का ज्ञान प्राप्त कर लेता है, उसको उन सभी का परित्याग उसी प्रकार करना चाहिए, जिस प्रकार एक धान्यार्थी पुरुष धान (चावल) ग्रहण कर लेता है और उसके पुआल को फेंक देता है। जैसे अमृत के पान से संतृप्त प्राणी का भोजन से कोई सरोकार नहीं रह जाता है, वैसे ही तत्त्व को जाननेवाले विद्वान् का शास्त्र से कोई प्रयोजन नहीं रह जाता है। वेदाध्ययन से मुक्ति संभव नहीं है और न ही शास्त्रों के पढ़ने से प्राप्त हो सकती है। वह कैवल्य ज्ञान से सुलभ है, किसी अन्य साधन से नहीं। वैसे सभी कर्मों को उसका कारण नहीं मानना चाहिए। उसका कारण ज्ञान है। मुक्ति देनेवाली गुरु की एक वाणी है। अन्य सभी विद्याएँ विडंबना करनेवाली हैं। हजार शास्त्रों का भार सिर पर होने पर भी प्राणी को तो संजीवन देनेवाला वह परम तत्त्व अकेला ही है। सभी प्रकार की क्रियाओं से रहित वह अद्वैत शिवतत्त्व कहा गया है। उसको गुरु के मुख से प्राप्त करना चाहिए। वह करोड़ों आगम-शास्त्रों का अध्ययन करने से मिलनेवाला नहीं है।

ज्ञान दो प्रकार का कहा जाता है। एक है शास्त्रकथित ज्ञान और दूसरा है विवेक से प्राप्त हुआ ज्ञान। इसमें शब्द ही ब्रह्म है, ऐसा आगम शास्त्र कहते हैं। वह परम तत्त्व ही ब्रह्म है, विवेकी जन कहते हैं। कुछ लोग अद्वैत को प्राप्त करने की इच्छा रखते हैं और कुछ लोग द्वैत को चाहते हैं; किंतु वे सभी यह नहीं जानते कि वह परमतत्त्व समभाववाला है, वह द्वैताद्वैत से रहित है। बंधन और मोक्ष के लिए इस संसार में दो ही पद हैं। एक पद है 'यह मेरा है' और दूसरा पद है 'यह मेरा नहीं है'। 'यह मेरा है', इस ज्ञान से वह बँध जाता है और 'यह मेरा नहीं है, इस ज्ञान से वह मुक्त हो जाता है।

द्वे पदे बन्धमोक्षाय न ममेति च।
ममेति बध्यते जंतुर्न ममेति प्रमुच्यते॥

जो कर्म इस जीवात्मा को बंधन में नहीं ले जाता है, वही सत्कर्म है। जो प्राणी को मुक्ति प्रदान करने में समर्थवती है, वही विद्या है। इसके अतिरिक्त कोई भी कर्म **पिंड से अनंत तक** को नहीं प्राप्त करा सकता। जब तक प्राणियों को कर्म अपनी और आकृष्ट करते हैं, तब तक उसमें सांसारिक वासना विद्यमान रहती है और जब तक उनकी इंद्रियों में चंचलता रहती है तब तक उन्हें परमतत्त्व का ज्ञान कहाँ हो सकता है।

"तत्कर्म यन्न बन्धाय सा विद्या या विमुक्तिदा।
आयासायापरं कर्म विपान्या शिल्पनैपुणम्॥
यावत् कर्माणि दीप्यंते यावत् संसार वासना।
यावदिन्द्रियचायल्यं तावत् तत्वकथा कुतः॥"

जब तक व्यक्ति में शरीर का अभिमान है, जब तक उसमें ममता है, जब तक उस प्राणी में प्रयत्न की क्षमता रहती है, जब तक उसमें संकल्प तथा कल्पना करने की शक्ति है, जब तक उसके मन में स्थिरता नहीं है, जब तक वह शास्त्र-चिंतन नहीं करता है एवं जब तक उस पर गुरु की दया नहीं होती है, तब तक उसको परमतत्त्व कथा कहाँ से प्राप्त हो सकती है? परंतु कर्मों से भव-बंधन और ज्ञान होने से जीव की संसार से मुक्ति हो जाती है, इसलिए आत्मज्ञान का आश्रय करना चाहिए। जो आत्मज्ञान से भिन्न ज्ञान है, उसको भी अज्ञान कहा जाता है। जब तक हृदय में स्थित सभी कामनाएँ समाप्त हो जाती हैं तब जीव जीवनकाल में ही अमरत्व की प्राप्ति कर लेता है, इसमें संशय नहीं है।

''यदा सर्वे विमुच्यते कामा येऽस्य हृदि स्थिताः।
तदाऽमृतत्वमाप्नोति जीवन्नेव न संशयः॥

व्यापक होने से ब्रह्म कैसे जाता है, कौन जाता है और कहाँ जाता है? ऐसे प्रश्नों के लिए कोई अवसर नहीं है। अनंत होने के कारण उसका कोई देश नहीं है; अतः किसी भी रूप में उसकी गति नहीं हो सकती। परब्रह्म अद्वय है, अतः उससे भिन्न कुछ भी नहीं है। वह ज्ञान स्वरूप है, अतः उसमें जड़ता कैसे हो सकती है? वस्तुतः ब्रह्म आकाश के समान है, इसलिए उसकी गति, अगति और स्थिति आदि का विचार कैसे हो सकता है? जाग्रत्, स्वप्न, सुषुप्ति आदि अवस्था माया के द्वारा कल्पित है – अर्थात् मिथ्या है। वस्तुमात्र का सार ब्रह्म ही है। तेजो रूप ब्रह्म को एक अखंड परम पुण्यरूप समझना चाहिए। जैसे अपनी आत्मा सबको प्रिय है, क्योंकि आत्मा ही ब्रह्म है और इस ब्रह्म को जानना ही ज्ञान है। सभी तत्त्वज्ञ ज्ञान को सर्वोच्च मानते हैं, इसलिए चित्त का आलंबन बोधस्वरूप आत्मा ही है। यह आत्म विज्ञान है। यह पूर्ण है, शाश्वत है। जागते, सोते तथा सुषुप्तावस्था में प्राप्त होनेवाला सुख पूर्ण सुखरूप ब्रह्म का ही एक क्षुद्र अंश समझना चाहिए। जैसे एक मृण्मय वस्तु का (ज्ञान होने पर) समस्त मृण्मय पदार्थ जान लिया जाता है। सर्वत्र व्याप्त शाश्वत तत्त्व ज्ञान स्वरूप ब्रह्म यदि सदा-सर्वत्र सभी के हृदय विद्यमान नहीं है तो विस्मृत अर्थ का स्मरण नहीं होना चाहिए, पर होता है। ऐसी स्थिति में यह स्मरण किसको होता है। निश्चित ही चेतन तत्त्व को ही होता है। इसे ही आत्मा, ब्रह्म, परमात्मा आदि के रूप में स्वीकार किया गया है। चेतन तत्त्व की सत्ता-अणु अशरीरी अथवा परम व्यापक तत्त्व किसी रूप में स्वीकार किया जाय, पर स्वीकार करना ही है, अन्यथा प्राणी को सुख-दुःख का अनुभव नहीं हो सकेगा। चेतन तत्त्व प्राणिमात्र के हृदय में साक्षी रूप से सदा विद्यमान है, इसीलिए प्रत्येक चेष्टा को जानता रहता है और इस जानकारी का फल यह है कि प्राणी के शुभाशुभ कर्मफल यथासमय मिलता रहता है। यह ब्रह्मतत्त्व सत्य, ज्ञान एवं आनंदरूप है तथा अनंत है। सत्य ज्ञान से पृथक् नहीं होता, अनंतता से पृथक् आनंद नहीं है। वास्तव में प्रत्येक जीव सत्य, आनंद एवं ज्ञानस्वरूप ब्रह्म ही है। स्वयं को ब्रह्मरूप जानकर जीव अपने वास्तविक स्वरूप सर्वज्ञता को प्राप्त कर लेता है। जैसे एक पारस से अनंत लौह राशि स्वर्णमय हो जाती है, उसी प्रकार आत्म (ब्रह्म) का ज्ञान

होने पर ज्ञानी द्वारा सकल विश्व जान लिया जाता है। यानी **पिंड से अनंत तक** का ज्ञान हो जाता है। परंतु जैसे अंधकार दोष के कारण रस्सी अपने सत्यस्वरूप में नहीं दिखाई देती, वैसे ही व्यामोह से ग्रस्त जीव को आत्मा का दर्शन नहीं होता। जिस प्रकार प्रत्यक्ष होने पर भी द्रव्य दृष्टि-दोष के कारण सही नहीं दिखाई देती है, अपितु वह कुरूप प्रतीत होती है, उसी प्रकार आकाश की सरूपता के कारण वह आत्म-तत्त्व, असत्य एवं पृथक् प्रतीत होता है। इस परमब्रह्म को उस अनंत को आत्मज्ञान के द्वारा ही जाना जा सकता है। और वह अपने आत्मा का कल्याण करता है। आत्म-कल्याण ही परम कल्याण है, उस आत्मज्ञान से उत्कृष्ट और कुछ भी लाभ नहीं है। आत्म देह-रहित, रूप आदि से हीन, इंद्रियों से अतीत है। और अतीत से भी अतीत है और वह आत्मा है। मैं आत्मा हूँ, संसारादि संबंध के कारण मुझे किसी प्रकार का दुःख नहीं है। धूम-रहित प्रज्वलित अग्निशिखा जैसे प्रकाश प्राप्त करती है, वैसे ही आत्मा स्वयं प्रदीप्त रहता है। जैसे आकाश में विद्युत् अग्नि का प्रकाश होता है, वैसे ही हृदय में आत्मा के द्वारा आत्मा प्रकाशित होती है। श्रोत्र आदि इंद्रियों को किसी प्रकार का ज्ञान नहीं है। वे स्वयं को भी नहीं जान सकती है; परंतु सर्वज्ञ, सर्वदर्शी, क्षेत्रज्ञ आत्मा ही इंद्रियों का दर्शन कराता है। जब आत्मा उज्ज्वल प्रदीप के समानं हृदय-पटल पर प्रकाशित होता है, तब जीव का पापकर्म नष्ट हो जाता है और ज्ञान उत्पन्न हो जाता है। जैसे दर्पण में दृष्टि डालने पर अपने द्वारा अपने को देख सकते हैं, वैसे ही आत्मा में दृष्टि करने पर इंद्रियों को, इंद्रियों के विषयों का तथा पंचमहाभूतों का दर्शन किया जा सकता है। मन, बुद्धि, अहंकार और अव्यक्त पुरुष – इन सभी के ज्ञान के द्वारा संसार-बंधन से मुक्त हो जाना चाहिए। सभी इंद्रियों का मन में अभिनिवेश कर उस मन को अहंकार में स्थापित करना चाहिए। उस अहंकार को बुद्धि में, बुद्धि को प्रकृति में, प्रकृति को पुरुष में एवं पुरुष को परब्रह्म में विलीन करना चाहिए। इस प्रकार करने से ही **'मैं ब्रह्म हूँ',** इस प्रकार की ज्ञान-ज्योति का प्रकाश होता है। इससे वह पुरुष (जीव) मुक्त हो जाता है। नौ द्वारों से युक्त, तीनों गुणों के आश्रय तथा आकाश आदि पंचभूतात्मक और आत्मा से अधिष्ठित इस शरीर को जो ज्ञानी व्यक्ति जान लेता है, वही श्रेष्ठ है, वही विप्र है, वही ब्राह्मण है और वही क्रांतदर्शी है। सौ अश्वमेध या हजारों वाजपेय यज्ञ इस ज्ञान

यज्ञ के सोलहवें अंश के फल को भी प्रदान नहीं कर सकते।

"कर्मणा मनसा वाचा सर्वभूतेषु सर्वदा।
हिंसाविरामको धर्मो ह्यहिंसा परं सुखम्॥
सत्यं ब्रूयात् प्रियं ब्रूयात् सत्यमप्रियम्।
प्रियं च नानृतं बूयादेष धर्मः सनातनः॥"

शरीर, मन और वाणी को सदा सभी प्राणियों की हिंसा से निवृत्त रखना चाहिए; क्योंकि अहिंसा ही परम धर्म है और उसी से परम सुख मिलता है– सदा सत्य और प्रिय वचन बोलना चाहिए। कभी भी अप्रिय सत्य नहीं बोलना चाहिए। प्रिय मिथ्या वचन भी नहीं बोलना चाहिए। यही तप है, यज्ञ है और साधना भी। इससे मन निर्मल होता है। सभी योनियों में मानव योनि ही भोग और मोक्ष का शुभ आश्रय है। अतः सुकृतियों के लिए ऐसा लोक न तो अभी तक बना है और न भविष्य में बनेगा। देवता लोग भी इस मानव लोक की प्रशंसा में गीत गाते हुए कहते हैं– जो लोग पवित्र भारत की भूमि में जन्म लेकर निवास करते हैं, वे धन्य हैं। देवता लोग भी स्वर्ग एवं अपवर्ग रूप फल की प्राप्ति के लिए पुनः भारतभूमि में मनुष्य रूप में जन्म लेते हैं–

गायन्ति देवाः किलगीतकानि धन्यास्तु ते भारत भूमिभागे।
स्वर्गापवर्गस्य फलार्जनाय भवन्ति भूयः पुरुषाः सुखात्॥

बड़े भाग्य से हमें जन्म मानव योनि में मिला। उस परमपिता परमात्मा को धन्य मानकर अपने शरीर के पिंड (हृदय) में स्थित स्वयं को स्वयं से अनुभूति कर उस अनंत का साक्षात्कार करना चाहिए।

●●●